Unsere Dreitausender mit Weg

östlicher Teil

Dieter Seibert · Dreitausender mit Weg

Vielen Dank den nachstehend genannten Fotografen für ihre Mitarbeit und die freundliche Genehmigung zur Veröffentlichung ihrer Bilder.
Sepp Brandl 15, 16, 31, 82/83, 94; Fritz Breig 90/91; Dr. Rolf Bucher 19, 86/87, 111; Willi P. Burkhardt 107; Foto Darnoc 76/77; Siegfried Eigstler 4/5, 112, 114/115, 126/127; Norbert Fischer 44; Lisa Gensetter 12/13, Titel (klein); Werner Heiss 72/73, 95, 118/119; Horst Höfler 38/39, 101; Ursula Köster 109; Foto Löbl-Schreyer Titel; Foto Lohmann 52/53; Toni Schneiders 8/9, 46/47, 122/123; Dieter Seibert 20, 21, 22, 24, 37, 41, 48/49, 50/51, 55, 57, 59, 70/71, 74/75, 79, 93, 97, 103, 124, 125; Peter Seibert 121; Friedrich Stettmayer 108; Dr. Wolfgang Stuck 117; Hans Wagner 33, 99; Paul Werner 60/61, 68/69, 80; Fred Wirz 104/105; Franz Zengerle 26/27, 34/35, 42/43, 65.

ISBN 3-7634-0487-2
Printed in Germany

Dieter Seibert

Dreitausender mit Weg

Verlag J. Berg · München

Inhaltsverzeichnis

Liebe Dreitausender-Gipfelstürmer!

In diesem Buch habe ich für Sie die 111 schönsten, höchsten und attraktivsten Bergziele zwischen den Hohen Tauern und dem Montblanc zusammengetragen, gleichsam die Supertouren für den hochalpinen Bergwanderer. All diese Fahrten haben dreierlei gemeinsam: Sie sind – relativ – leicht zu finden, denn meist verläuft die gesamte Route auf angelegten Wegen, sie führen nie über verschneite Gletscher mit Spalten und sie erfordern keine richtige Kletterei, allenfalls jenes kurzweilige Turnen über Blöcke und Platten im Schwierigkeitsgrad I (es sind auch ein paar regelrechte Klettersteige dabei).
Doch unser Attribut „mit Weg" sollte niemanden zum Leichtsinn verführen. Bitte, überschätzen Sie sich nicht selbst, lassen Sie sich von keinem ungesunden Ehrgeiz treiben. Diese Touren mit ihren oft so begeisternden Ausblicken auf die ganz großen Fels- und Eisberge der Alpen, mit ihrer so malerisch, eindrucksvollen, hochalpinen Landschaft und ihrem besonderen Schmuck, den Karseen, sollen zuallererst einmal Spaß machen, schöne Erlebnisse schenken in einer oft von den Menschen noch unveränderten Natur. Sie sollen jedoch nie zu einem Spiel mit dem Leben werden!
Eine größere absolute Höhe stellt auch an den Bergsteiger größere Anforderungen. Dreitausender oder gar Gipfel, die noch 500 m höher sind, darf niemand als gemütlichen Spaziergang betrachten. Mag der Himmel zum Beispiel noch so makellos blau sein, es braucht in dieser Höhe bloß ein kräftiger Wind zu blasen, und schon ist's bitter kalt. Oder der Schnee! Er gehört sozusagen zum täglichen Brot. Bei kaum einer unserer Touren fehlen die kleineren oder größeren Schneeflekken, viele Rinnen sind bis weit ins Jahr hinein mit Firn, später sogar mit Eis gefüllt, und Sie mögen sich selber ausmalen, was es bedeutet, wenn der Schnee an kalten Tagen bockhart gefroren bleibt. Dann braucht man entweder eine gute Ausrüstung mit Steigeisen und Pickel oder man muß die Tour verschieben. Und auch ein Wettersturz, bei dem es in dieser Höhe ja immer schneit, ist keine kurzweilige Episode, sondern eine ernste Berggefahr – das Gelände wird glatt und rutschig, man verliert im Nebel die Übersicht, die Markierungen schneien zu...
Bescheidenheit ist eine lebenserhaltende Tugend bei hochalpinen Wanderungen; das Augenmaß bei der Wahl der richtigen (!) Tour ein ganz, ganz wichtiger Helfer. Zudem sollte man sich offen und empfänglich zeigen, seine eigenen Fehler und Schwächen zu erkennen, dazulernen, lieber einmal feig als allzu mutig sein. Denn Sie sollen ja echte Freude an den Touren dieses Buches haben, sie in aller Ruhe genießen können – das zumindest wünscht Ihnen

Ihr Dieter Seibert

Aufnahme der vorangegangenen Doppelseite:
Die in der Nähe von Sion ins Rhônetal mündende Val d'Hérens gehört zu den schönsten Alpentälern. Die drei Wanderer sind oberhalb von Arolla unterwegs; der Hintergrund zeigt den Mont Collon und den Evêque (3716 m).

Aufnahme der folgenden Doppelseite:
Blick von Norden auf das Cristallomassiv. Der steile, abgerundete Gipfel links der tiefen Scharte ist der Piz Popena, nach rechts folgen knapp nebeneinander der Monte Cristallo und der Cristallo di Mezzo (siehe Seite 102). Die für die Südalpen so typischen Quellwolken lassen ein Gewitter befürchten.

Bitte vorher lesen!

Zum Buch

Die Tourenvorschläge bestehen aus zwei Teilen. Der erste Abschnitt bringt eine allgemeine Charakteristik, soll Ihnen das Interessante, das Besondere, das Schöne einer Tour und eines Berges nahebringen und damit auch bei der Auswahl helfen. Im zweiten Teil stehen relativ nüchterne Angaben, damit Sie unterwegs möglichst ohne Herumsuchen zu Ihrem Ziel gelangen. Bei guten Verhältnissen und nebelfreiem Wetter reichen die **Routenbeschreibungen** zum Zurechtfinden meist aus, da es sich ja weitgehend um angelegte Wege mit Markierungen und Schildern handelt.

Die im Kästchen angegebenen **Aufstiegszeiten** sind für einwandfreie Verhältnisse und für leichtes Gepäck berechnet. Treffen Sie auf ungünstige Bedingungen, dann werden Sie wahrscheinlich mit unseren Zeiten nicht auskommen. Doch eine wirkliche Vergleichszahl läßt sich eben nur dann erreichen, wenn man immer den gleichen Maßstab ansetzt.

Im Text sind die für die jeweilige Tour wichtigen **Hütten** erwähnt und fast ausnahmslos mit dem Wort „bewirtschaftet" versehen. Dies bedeutet, man kann dort essen, trinken und übernachten. Zwei Warnungen dazu: a) In der Hochsaison wird man immer wieder in überfüllte Stützpunkte kommen, da kann es einem dann auch einmal passieren, daß man auf dem Fußboden „schlafen" muß; eine Anmeldung ist deshalb immer ratsam, außerdem die Mitgliedschaft in einem der alpinen Vereine. b) Ist man außerhalb der Saison unterwegs, dann muß man sich unbedingt erkundigen, ob die angepeilte Hütte auch geöffnet ist.

Es fällt schwer, **bestimmte Monate** zu empfehlen. Im Hochsommer trifft man – in Durchschnitt – auf die günstigsten Schneeverhältnisse. Dafür sind sehr viele Menschen unterwegs auf den Straßen, den Wegen und Gipfeln, und das Wetter neigt dann verstärkt zu Quellwolken und Gewittern (vor allem auf der Alpensüdseite). Wettermäßig bietet oft der Herbst ideale Bedingungen, doch sind dann die Tage kürzer, manche Hütte hat schon geschlossen und die Felsen zeigen häufiger einen Neuschneeüberzug. Die in diesen Höhen ebenfalls relativ stille Zeit des Frühsommers wartet mit noch großen Schneemengen auf, und das kann zu einem echten Hindernis in den Felsflanken werden.

Ganz bewußt habe ich es vermieden, starre **Schwierigkeitsbewertungen** für die einzelnen mehr oder weniger anspruchsvollen Touren zu verwenden. Zu sehr hängen die Eindrücke vom Individuellen ab; den einen stört mehr ein steiles Schneefeld, den anderen eine ausgesetzte Ecke des Weges über hohen Abbrüchen. Doch enthalten die Texte alle wichtigen Hinweise, so daß sich jeder selbst ein Bild machen kann. In diesem Zusammenhang muß man auch immer wieder daran erinnern, wie sehr die Schwierigkeiten von den unterschiedlichen Verhältnissen – vor allem vom Schnee – abhängen.

Bei einer so großen Fülle von Möglichkeiten, war ich gezwungen, **eine Auswahl** zu treffen, und das kann nur etwas Persönliches und Individuelles sein. Ich hoffe, daß Sie, lieber Leser, nicht gerade Ihre Lieblingstour schmerzlich vermissen. Doch bei 111 Zielen findet bestimmt jeder für sich viel Interessantes – ausreichende Beschäftigung für Jahre.

Dreitausender mit Weg

Vielleicht ist diese Tatsache die beste Warnung: Ein guter Teil der tödlichen Bergunfälle ereignet sich bei Touren auf Wegen. Ein Steig im Hochgebirge ist keine bequeme Promenade. Auf unangenehme, auf felsige und auf ausgesetzte Stellen trifft man recht häufig. Manchmal muß man auch ein wenig klettern, über Blöcke und Platten turnen, wobei einem jedoch manchmal ein Drahtseil zur nötigen Sicherheit verhilft. Für sehr viele unserer Touren brauchen Sie deshalb **Trittsicherheit** und **Schwindelfreiheit**.

Je höher ein Berg in den Alpen ist, desto stärker hängen die Schwierigkeiten von den augenblicklich **herrschenden Verhältnissen** ab. Vor allem der **Schnee** kann für sehr unterschiedliche Bedingungen sorgen. Mancher kennt zum Beispiel den Südgrat der Suldenspitze im Ortlergebiet als reinen Firngrat, obwohl sich diese Schneide in trockenen und warmen Sommern vollkommen schneefrei präsentiert. Bei Dreitausendern müssen Sie immer mit Schneefeldern rechnen, und diese können schlagartig aus einer harmlosen Tour eine problematische und gefährliche Sache machen. Besonders hartnäckig hält sich der Schnee in geschützten Rinnen.

Der hochalpine Bergwanderer sollte sich unbedingt mit dem weißen – im Sommer häufig schmutziggrauen und dann beinharten – Element vertraut machen, er muß lernen, im Schnee richtig zu gehen und bei einem unfreiwilligen Abrutschen mit den Schuhen (oder dem Eispickel) wieder zu bremsen, damit aus dem Rutschen kein Stürzen oder Abstürzen wird. Ein fachmännischer Freund, ein alpiner Grundkurs oder auch ein gutes Fachlehrbuch sind hier die besten Helfer.

Bei der Sicherheit im Gebirge kommt es fast ausschließlich auf die innere Einstellung an. Der gute Bergsteiger bleibt stets ein Lernender, ein sich Bemühender, der seine Schwierigkeiten erkennt, seine Fehler einsieht, daraus dann seine Lehren zieht, immer dazulernt, besser wird – und doch immer bescheiden bleibt. Eigentlich dürfte es nie ein draufgängerisches Wagen geben; nur ein gekonntes und gezieltes Abwägen, ein echtes Beherrschen bewahrt auf die Dauer vor Schaden. Und dazu gehört dann noch eine sehr große Portion Vernunft und Selbstkritik. Umkehren ist keine Schande, sondern – ganz im Gegenteil – ein Zeichen von Klugheit.

Doch nochmals zurück zum Schnee. Es kommt oft ganz auf seine Beschaffenheit an. Im weichen Schnee lassen sich natürlich gute Stapfen treten, er kann jedoch sogar im Sommer lawinengefährlich sein, besonders im nassen Zustand und bei glatter Unterlage wie Gras. Auf hartem Schnee jedoch oder gar auf dem häßlich grauen Sommereis ist schon mancher gestürzt. Man sollte sich immer über die herrschenden Verhältnisse informieren (z.B. beim Hüttenwirt). Auch das Wetter und die Temperaturen muß man in seine Planungen mit einbeziehen; so gibt es zum Beispiel kalte Tage, an denen der Schnee überhaupt nicht auffirnt.

Auch der **Neuschnee** erfordert doppelte Vorsicht. Er sorgt nicht nur für rutschige Felsen – vor allem dann, wenn sie bemoost sind – und Grashänge, er verdeckt häufig auch die Markierungen und erschwert so die Wegsuche.

Nun noch ein paar Worte zu einer ganz speziellen Art von alpinem Weg, dem **Klettersteig**, in Italien Via Ferrata (= Eisenweg) genannt. Diese mit viel Drahtseil, Stiften, Klammern, Leitern, Stegen usw. hergerichteten Kletterrouten liebt man vor allem in Südtirol und den angrenzenden Gebieten der Südlichen Kalkalpen. Sie führen oft über jähe Felswände, über sehr ausgesetzte Stellen. Manchmal fordern sie auch – vor allem vom weniger Geübten – viel Armkraft. Der Klettersteig-Neuling sollte sich unbedingt für den Anfang einfache Routen auswählen und dabei testen, wie seine Nerven mit der beängstigenden Tiefe zurechtkommen.

Weitere Gefahren

Hier muß an erster Stelle das Wetter stehen. Bei **Nebel** kann man sich auch auf guten Wegen rettungslos verirren, es gibt überall Unterbrechungsstellen, auf Wiesen, auf Felsplatten, vor allem aber bei Schneefeldern. Bei fraglichem Wetter wird man deshalb lieber auf einen Dreitausender verzichten und sich ein kleineres Ziel aussuchen. Kommt zum Nebel noch ein kräftiges **Schneetreiben** oder gar ein Schneesturm, dann gerät man rasch in gefährliche Situationen, zumal der Neuschnee (siehe oben) oft in kurzer Zeit die Markierungen zudeckt und die Spur auf den Altschneefeldern verwischt. Weh dem, der bei diesem Wetter in der Hochregion seinen Rückweg nicht mehr findet!

Man muß immer die voraussichtliche **Wetterentwicklung** in seine Pläne miteinbeziehen. Ein fallendes Barometer, ein flauer Morgen, ein trüber, sich rasch verschleiernder Himmel sind schlechte Zeichen. Auf der Alpensüdseite gibt es in den Sommermonaten zudem allzu eifrig quellende Wolken, die trotz eines makellos blauen Himmels am Morgen oft schon am frühen Vormittag die ganze Umgebung verschluckt haben und die sich dann später in einem heftigen Gewitter entladen. Bei dieser Wetterlage hat man nur dann eine Chance, wenn man bereits im allerersten Dämmerlicht aufbricht. Das gleiche gilt für alle Tage mit **Gewittergefahr**. Niemals darf man sich auf Gipfeln oder Graten von einem Unwetter überraschen lassen. Droht ein Gewitter, dann muß man so schnell wie möglich in geschützte Regionen absteigen.

Eine weitere, auf unseren Touren gar nicht so seltene Gefahr ist der **Steinschlag**. In den allermeisten Fällen wird er durch vorausgehende Bergsteiger ausgelöst, manchmal auch durch Schafe oder Gemsen, durch Regen und Blitzschlag, durch schmelzenden Schnee und hin und wieder auch ohne sichtbare Ursache. Wenn sich in der Fallinie über einem jemand oder etwas bewegt, dann paßt man doppelt auf, in besonders brüchigem Gelände wartet man auch, bis oberhalb Ruhe eingekehrt ist. Natürlich wird man seine Rast nie unter oder in Felsrinnen machen (diese verläßt man stets so schnell wie möglich), man sucht sich immer steinschlagsichere Plätze aus wie Grate oder Felsköpfe.

Auch im Sommer gibt es **Wächten**, die bei Belastung abbrechen können. Also nie gedankenlos an Firngraten an die Kante hinaustreten! Wer will schon in der Tiefe verschwinden!

Richtige **Gletscher** sind für den Bergwanderer absolut tabu. Ein Sturz – ohne Seil – in eine verschneite und deshalb vorher nicht zu erkennende Spalte geht meist tödlich aus. Es gibt hier nur eine Ausnahme: flache Gletscherzungen sobald sie aper sind. Im schneefreien Zustand sieht man ja jede Spalte, und nur ein Blinder würde dann hineintappen. Meist hat das blanke Gletschereis eine recht poröse Oberfläche, auf der der Bergschuh guten Halt findet – solange das Eis flach ist.

Kleidung und Ausrüstung

Auf Dreitausendern muß man auch bei schönem Wetter mit kalten Tagen rechnen, vor allem ein kräftiger Höhenwind kühlt einen zu dünn Bekleideten in kürzester Zeit aus. Nein, für diese Höhen kommt nur ein solides „Bergsteiger-G'wand" in Frage. Dazu gehört eine Kniebundhose (oder eine lange Berghose), am besten aus einem Gemisch von Wolle und Synthetik (kein Cordsamt), kräftige, lange Wollstrümpfe, Hemd oder Bluse, Wollpullover oder Wollstrickjacke (besser!), Anorak, Wollhandschuhe und Mütze. Vorsichtige nehmen bei größeren Touren noch einen Überanorak mit. Auch von seinen Leichtbergschuhen sollte man Abschied nehmen und sich mit festen Stiefeln ausrüsten, nur sie geben im Schnee den nötigen Halt. Man wird sich jedoch auch auf warmes Wetter einstellen – übermäßiges Schwitzen kostet viel Kraft! – und zum Beispiel (zusätzlich!) ein paar Shorts mitnehmen.

Bei Schnee und großer Höhe muß man unbedingt Haut und Augen vor der Sonne schützen. Eine Gletscherbrille, eine Sonnenschutzcreme mit hohem Lichtschutzfaktor und ein Lippenschutz gehören in jeden Rucksack. Ebenso eine kleine Apotheke mit Pflastern, Binden, Schmerzmitteln...

Was nimmt man an hochalpiner Ausrüstung mit? Diese Frage läßt sich nicht generell beantworten, zu viel hängt von den herrschenden Verhältnissen und der Art der Tour ab (und ein wenig vom persönlichen Können). Im Zweifelsfall steckt man lieber ein Stück zu viel als zu wenig in den Rucksack; wie oft ist eine Tour zum Beispiel an einer ganz kleinen, aber hartgefrorenen Schneerinne gescheitert.

Bei kleinen Hindernissen zeigt sich der Eispickel als ideale Hilfe, als Halt und Anker, beim Rutschen als Bremse, und mit ihm lassen sich auch einmal ein paar Stufen herausschlagen etwa am eisigen Rand eines Schneefeldes. Bei längeren Passagen im harten Schnee war mancher weniger Geübte auch schon heilfroh um ein paar Steigeisen.

Höhen und Schwierigkeiten

Hier eine kleine Statistik aller beschriebenen Gipfel über 3250 m Höhe:

			Seite
1.	Aig. de la G. Sassière	3747	125
2.	Monte Vioz	3644	88
3.	Äußeres Barrhorn	3610	111
4.	Inneres Barrhorn	3585	111
5.	Schöllihorn	3499	111
6.	Schrankogel	3496	42
7.	Hochwilde	3480	90
8.	Hint. Seelenkogel	3470	89
9.	Kreuzspitze	3457	51
10.	Tête Blanche	3418	124
11.	Oberrothorn	3415	110
12.	Punta Bioula	3414	124
13.	Mettelhorn	3406	116
14.	Hohe Geige	3395	62
15.	Piz Güglia	3381	74
16.	Suldenspitze	3376	85
17.	Tschenglser Hochwand	3375	84
18.	Hochalmspitze	3360	17
19.	Seikogel	3355	54
20.	Mont Avril	3347	124
21.	Marmolata	3343	98
22.	Schwarzhorn	3329	116
23.	Hint. Schöntaufspitze	3324	85
24.	Testa Grigia	3315	124
25.	Pfulwe	3314	110
26.	Laaserspitze	3304	89
27.	Hint. Ölgrubenspitze	3296	59
28.	Muttler	3294	67
29.	Keeskogel	3291	29
30.	Petzeck	3283	22
31.	Habicht	3277	36
32.	Piz Languard	3262	75
33.	Dents du Midi	3257	121
34.	Hasenöhrl	3256	89

Ganz bewußt haben wir in diesem Buch bei den einzelnen Touren auf exakte Schwierigkeitsangaben – zum Beispiel durch Ziffern – verzichtet und uns stattdessen bemüht, den Charakter einer Bergfahrt zu beschreiben. Es fällt dann leichter, die Tour bei den momentan herrschenden Verhältnissen zu beurteilen und einzuordnen. Um Ihnen trotzdem einen gewissen Vergleich zu ermöglichen, greifen wir hier nun fünf mal zwölf Touren heraus, die eine stete Steigerung

Beim Abstieg von der Bovalhütte nach Morteratsch. Im Hintergrund der Piz Palü (links) und die Bella Vista.

vom Einfachen zum Anspruchsvollen darstellen. Kostete Ihnen zum Beispiel der Piz Languard (2. Block) schon viel Kraft, hatten Sie dort Angst im Fels, dann sollten Sie am nächsten Tag lieber auf den Munt Pers (1. Block) steigen und nicht gerade den Piz Güglia (4. Block) zu erstürmen versuchen.

In der „ersten Abteilung" bieten wir Ihnen zwölf ausgesprochene Spritztouren, die sich dafür eignen, sein persönliches Können zu testen und erste Erfahrungen zu sammeln, bevor man Größeres wagt.

Bei diesen Vorschlägen liegt die Steigerung vor allem in der Länge der Fahrten, während sie kaum mehr Können verlangen. Allerdings sind hier die Wege teilweise etwas kleiner und auch weniger begangen.

Hier nun eine kurze Aufstellung von großen Touren, die jedoch noch ganz auf angelegten Bergpfaden verlaufen, keine längeren Felspassagen aufweisen und nicht von allzu viel Schnee unterbrochen sind.

Zu den interessantesten Touren im Buch gehören die großen Felsberge mit ihren oft versicherten Steigen. Sie bleiben jedoch jenen vorbehalten, die entsprechend geschickt, trittsicher und schwindelfrei sind.

Die letzte Aufstellung bringt die zwölf wohl anspruchsvollsten Touren (ein sehr relativer Begriff!) unserer Auswahl. Wer sie ohne Zittern schafft, darf sich selbst den Titel „Meister des Bergwanderns" verleihen.

Unterwegs in den Hohen Tauern

Der oberste Gipfelgrat des Scharecks im Frühsommer. Mit Fortschreiten des Jahres wird der Schnee weniger, und man wandert dann über dunklen Schieferschutt.

Nur wenige unserer Tauernziele kann man von Norden erreichen, die meisten liegen südlich des Hauptkammes. Ich kann mir nun das ungläubige Kopfschütteln der Bergsteiger aus Bayern und dem nördlichen Österreich gut vorstellen. Viele denken nämlich bei dem Wort Hohe Tauern nur an die Glockner- und die Venedigergruppe, allenfalls noch an die Rudolfshütte über dem Enzingerboden und an Kolm Saigurn im hintersten Rauriser Tal. Vielen sind so herrliche Gebiete wie die Schobergruppe mit ihren dunklen, formenschönen Felsgipfeln, der einsame Panargen- und Lasörlingkamm, das Rieserfernergebiet, die Ankogel- und Hafnergruppe, ja, selbst die südlichen Venedigerkämme gänzlich unbekannt. Daran sind nicht zuletzt die österreichischen Verkehrsstrategen Schuld mit ihrem Hunger nach Geld. Als Folge der stark überhöhten Mautgebühren für alle Übergänge wirkt der Tauern-Hauptkamm wie eine Schranke. Kann man zum Beispiel die Touren in Osttirol bei Gebühren von mehr als fünfzig Mark wirklich mit ruhigem Gewissen empfehlen?! Wer schon in den „sauren (Geld)Apfel" beißt, der sollte dann zumindest länger dort unterwegs sein. Es reizt sowieso, wenigstens je eines der so unterschiedlichen Ziele nacheinander kennenzulernen: die eigenartige Welt der Bratschen, jener Schiefer mit den atemberaubend steilen Graswänden und Schrofenflanken, die Berge aus dunklen Gneisen, die über blockgefüllten und seengeschmückten Karen aufragen, die großen Gletschermassive...

Und noch etwas mag erstaunen: Im Verhältnis etwa zum Ötztal sind viele Tauerntäler – gerade südlich des Kammes – noch nicht so völlig vom Fremdenverkehrsgeist aufgesogen. So konnte sich zum Beispiel das Defereggental durchaus noch etwas Ursprüngliches bewahren, atmet noch Behäbigkeit und Ruhe aus. Und steigt man von dort etwa zur Seespitze (siehe Seite 26) hinauf, dann ist man vor allem Massentourismus sicher, begegnet allenfalls ein paar anderen Individualisten, die sich ebenfalls von den Modezielen fortbewegt haben. Es ist nämlich so: Wer einmal den Tauern-Hauptkamm passiert hat, der strebt fast ausnahmslos weiter nach Süden, zu den Kärntner Seen oder bis ans Meer. Die Zahl der Bergsteiger ist gering, vor allem aus dem Norden kommen sehr wenige hierher. Eher begegnet man Grazern und Wienern. Man kann überhaupt interessante Studien treiben, wie jedes Berggebiet so seine menschliche „Fauna" hat; am Rauriser Sonnblick etwa trifft man ein ganz anderes Publikum als drüben am Großen Hafner. Achten Sie einmal darauf!

Großer Hafner, 3076 m

Auf den östlichen Vorposten der Hohen Tauern

Aufstieg-Std.	Gipfelaufbau	Abstieg
3/4 + 21/4	blockiger Westgrat	gleiche Route

Der Große Hafner – das letzte und östlichste Gletschermassiv der Alpen (es gibt allerdings nur drei bescheidene Gletscherchen, die sich in den Karen verstecken) – ist das Ideal eines Wege-Dreitausenders, ein Gipfel ohne Extravaganzen, ohne Superlative, gewissermaßen ein grundsolider Berg. Da gibt es keine Seilbahn, keinen Massenansturm, aber auch keine beängstigend schmalen Grate – wie etwa drüben an der Hochalmspitze. Oben, im grünen Boden des Ochsenkares, steht die kleine Kattowitzer Hütte, eine Bergsteigerklause im herkömmlichen Sinne, unserem Ziel schon angenehm nahe gerückt und mit herrlich freiem Blick nach Westen. Oberhalb folgt das in den Zentralalpen obligate Blockkar, dann ein Grat, gewürzt mit ein paar Felsstellen (teilweise allerdings, wie sich's im Schiefer gehört, etwas sandig und rutschig), und schließlich das freie Gipfeldach, das – wie kann es bei einem Muster-Dreitausender anders sein! – mit wilden Wänden nach Norden abbricht. Ja, das ist wirklich ein imposanter Blick dort hinab über die fast 500 m hohe Wand, hinab zum Rotgüldengletscher (welcher Name!) mit seinen offenen Spaltenmäulern. Noch eine Stufe weiter unten leuchten die beiden Rotgüldenseen in kräftigem Blau. Und nach Osten schauen wir hinunter in den Lungau mit seinen Dörfern – 2000 m tiefer; eine andere Welt.

Ein Wermutstropfen aber ist die Fahrt durchs Maltatal. Es wurde einst geliebt als Tal der Wasserfälle; doch der Kraftwerksbau von Kölnbrein hat es heute

Die plattengepanzerten Westwände der Winklspitze in der Ankogelgruppe. Beim Betreten der Lassacher Winklscharte (Detmolder Weg) steht man urplötzlich vor diesen gewaltigen Abbrüchen. Der Weiterweg zur Hochalmspitze weicht ihnen rechts aus.

stark austrocknen lassen. So wie die Wassermassen in diesem ehemals vom Tosen erfüllten Tale abgenommen haben, so haben sich die Besuchermengen vermehrt. Vielleicht wird dadurch auch der Hafner allmählich aus seiner Ruhe aufgeweckt. Ob er dann wohl noch der Ideal-Dreitausender bleibt?

Ausgangspunkt ist die Maltatalstraße (Maut) entweder beim Moosbach (1512 m) oder 1,5 km oberhalb der Almrauschhütte (1650 m). Man kann auch beim Sporthotel Maltatal starten.

Zugang zur Kattowitzer Hütte. Von allen drei Stellen führen markierte Wege in etwa gleicher Zeit zur Hütte (2319 m, DAV, bewirtschaftet, $2^3/_4$ Std.).

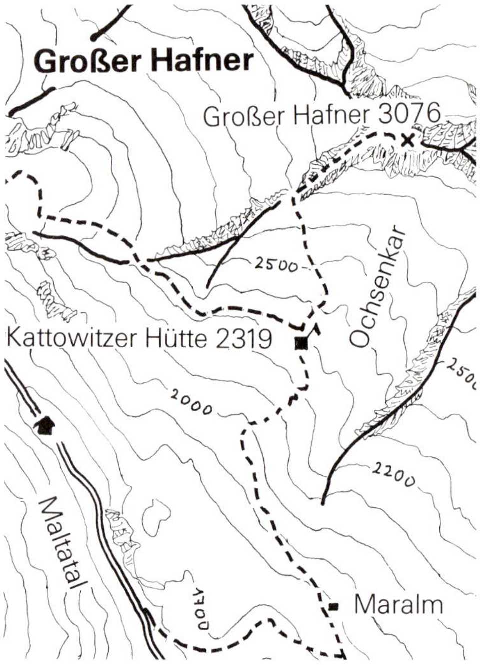

Die Route zum Gipfel. Von der Hütte über die sanften Hänge des Ochsenkares, anfangs auf Matten, dann mehr über Gletscherschliffe und Geröll genau nach Norden empor und über eine Steilstufe in eine Lücke des Südwestgrates (drüben Abstieg zur Rotgüldenseehütte). Teils auf dem Grat, teils auf Bändern der Südseite weiter empor und über den dann breiteren Geröllrücken auf den Gipfel mit Kreuz.

Schneewinkelspitze, 3016 m

Ein harmloser und ein sehr anspruchsvoller Weg

Aufstieg-Std.	Gipfelaufbau	Abstieg
$1^1/_2 + 2^1/_4$	Schnee und Blockwerk	evtl. über Säuleck

Lieben Sie die einfachen Dreitausender? Dann müssen Sie die Schneewinkelspitze, jenen etwas unscheinbaren Kopf zwischen Säuleck und Hochalmspitze, besteigen; unscheinbar jedoch nur von Osten gesehen, nach Westen bricht der gleiche Berg mit einer fast senkrechten Plattenwand ab. Sie können von der schönen, neuen Gießener Hütte aus mit den Händen in der Hosentasche dort hinaufspazieren. Sie müssen nur die Augen offenhalten, da die Markierungen immer wieder einmal unter den Schneeflecken unsichtbar werden, oder sich der Steig auf den gletschergeschliffenen Platten nicht erkennen läßt. Sie müssen die Augen auch offenhalten für die Reize des Gößkares, das mit seinen steil abfallenden Hängen an einen ostseitig aufgeschnittenen Trichter erinnert mit einem kleinen See im tiefsten Grund, mit den dunklen Felsgipfeln als Zackenrand und mit einem besonderem Blickfang, der Hochalmspitze.
Oder lieben Sie anspruchsvolle Bergfahrten? Dann müssen Sie ebenfalls zur Schneewinkelspitze kommen. Der Detmolder Steig hat schon harte Burschen verblüfft – derartig kühn führt er über die Plattengrate, an Zacken und Türmen vorbei auch über sie hinweg und schließlich überlistet er sogar ein 30-m-Wandl, das wirklich abschreckend ausschaut. Natürlich sind die spannendsten Stellen mit Drahtseilen und auch ein paar Stiften versichert, sonst könnten wir Ihnen diesen Grat ja niemals in unserem Buch anbieten.

Ausgangspunkt ist der Parkplatz im Gößgraben (1640 m) unter dem Staudamm. Zufahrt von Koschach im Maltatal auf einspuriger, kräftig steigender Teerstraße (12 km).
Zugang zur Gießener Hütte. Vom Parkplatz entweder auf dem Fahrweg in gleichmäßiger Steigung zur Hütte (2203 m, DAV, bewirtschaftet, $1^1/_2$ Std.) oder die Serpentinen auf dem Fußweg abschneiden.
Die Route. Von der Hütte hinauf zur Wegverzweigung. Nun schräg nach links über Wiesen, später über Blockwerk, Gletscherschliffe und Firnfelder zum Grat am Nordostfuß des Gipfels. Auf oder knapp links der Schneide zum höchsten Punkt. $2^1/_4$ Std., einfach.
Über das Säuleck zurück zur Hütte. Anspruchsvoller Klettersteig über einen teilweise scharfen Grat, hin und wieder auch in dessen linker Flanke, versichert. Vom Säuleck auf dem Normalweg (siehe auch Seite 18) nach Süden abwärts und unter der Großen Gößspitze westlich hindurch in die Mallnitzer Scharte (2672 m). Drüben steil hinab und auf dem Buderus-Höhenweg quer durch das Gößkar zurück zur Hütte. Ca. $4^1/_2$ Std.

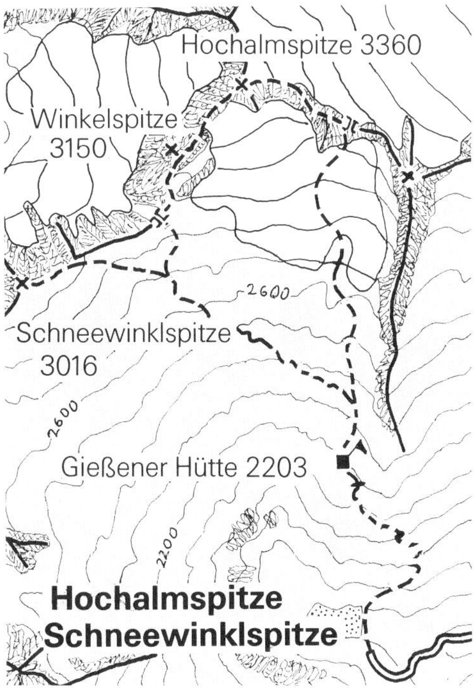

Hochalmspitze, 3360 m, **Winkelspitze,** 3150 m

Großzügige Überschreitung der „Tauernkönigin"

Aufstieg-Std.	Gipfelaufbau	Abstieg
$1^1/_2 + 3$	schmaler Klettergrat	Rudolstädter Weg

In unserem Buch erscheint die Hochalmspitze – rein aus geographischen Gründen – fast am Anfang. Bei Ihrer Karriere als Bezwinger von Wege-Dreitausendern aber sollte sie ganz am Schluß auf dem Programm stehen. Der Detmolder Grat und auch der Abstieg vorbei an den Steinernen Mannln erfordert einen erfahrenen Alpinisten – hier hilft kein Feuergeist, nur ruhiges Handeln und sicheres Urteilsvermögen. Es führt zwar ein brauchbarer Steig von der Gießener Hütte in die Lassacher Winkelscharte, eine Bresche wie in der Montblancgruppe mit dunklen Schartentürmen und einem Blick auf supersteile Plattenwände. Auch der Weiterweg ist noch relativ einfach. Über Hänge mit mächtigen Blökken, die allenfalls von ein paar Schneefeldern unterbrochen werden, turnt man hinauf zur **Winkelspitze.** Bis dort gibt's keine echten Probleme. Doch dann ändert sich das Gelände schlagartig. Entweder muß man eine recht steile Schneeflanke queren (Pickel notwendig) oder man plagt sich mit den brüchigen Felsen der Plattenflanke ab. Hat man erst den Grat am Gipfelaufbau erreicht, dann ist das Unangenehme geschafft. Was nun folgt ist relativ „saubere", gut mit Drahtseil versicherte Kletterei. Manchmal liegen jedoch die Tritte arg weit auseinander, und Ungeschickte ziehen sich dann schnaufend an den Armen in die Höhe. Das ist wahrlich kein Weg im herkömmlichen Sinne, sondern ein echter und gar nicht so einfacher Klettersteig. Aber es handelt sich auch um keinen gewöhnlichen Gipfel, sondern um den höchsten und gewaltigsten Berg des Gebietes, um ein imposantes Ziel mit wilden Plattenwänden, das von den Kärntnern liebevoll als „Tauernkönigin" tituliert wird (trotz Großglockner, der ja auch – zur Hälfte – in Kärnten liegt).

Ausgangspunkt und ***Zugang zur Gießener Hütte*** siehe linke Spalte.
Aufstieg über den Detmolder Grat. Anfangs wie zur Schneewinkelspitze, ab 2660 m Höhe (Hinweis) gerade aufwärts in die Lassacher Winkelscharte (2862 m). Rechts des Grates über grobes Blockwerk auf die Winkelspitze. Kurz abwärts, dann durch die zerborstene Felsflanke oder durch sehr steilen Schnee quer hinüber und an den Fuß des Gipfelbaus. Mit Drahtseilhilfe über mächtige Blöcke, dann meist in der Flanke rechts neben dem Grat durch Rinnen und über Felsstufen auf den Gipfel.
Abstieg auf dem Rudolstädter Weg. Zur nahen Schneeigen Hochalmspitze und über Firn und Blockwerk (kurze Felsstufe mit Drahtseil) in die Scharte bei den Steinernen Mannln. Über eine sehr steile,

aber gut gestufte Plattenwand (Drahtseil) zum Gletscher. Anfangs steil (evtl. eisig!), dann flacher über Firn zum Gletscherende und auf dem Weg hinab zur Hütte. Leichter als der Aufstieg.

Säuleck, 3086 m

Der einfachste Tauern-Dreitausender

Aufstieg-Std.	Gipfelaufbau	Abstieg
$1^3/_4 + 2^1/_4$	südseitiger Steig	gleiche Route

Das Säuleck ist ein pfiffiger Berg. Von welcher Seite man diesen Dreikant auch betrachtet, er wirkt stets abweisend und für den normal-Bergwanderer unnahbar – 500 m Wand nach Norden, 300 m nach Osten und nach Südwesten. Und doch gehört er zu den einfachsten Zielen in diesem Buch. Man braucht nur dem guten Steig zu folgen, der allenfalls – je nach der Jahreszeit – ein Stück weit unter den Firnfeldern verschwindet. Vom Gipfel zieht nämlich genau nach Süden eine Abdachung herab, die gar nicht so steil ist, selbst die Skitourenleute steigen dort empor. Doch diese Rampe versteckt sich so vollkommen hinter einer Felsrippe, daß auch die neugierigsten Blicke sie vom Tal aus nicht erkennen können.

Natürlich läßt sich das Säuleck auch an einem einzigen Tag von Mallnitz aus besteigen. Doch die Eile wäre schade; man bringt sich damit um ein schönes Erlebnis. Da liegt direkt am Dösenersee auf einer Geländeschwelle der alt-ehrwürdige Steinbau des Arthur-von-Schmid-Hauses. Tagsüber ist es das Ziel zahlreicher Sommerfrischler, doch am Abend herrscht dort paradiesische Ruhe. Man kann sich dann irgendwo am Ufer zwischen den Felsen setzen, zuschauen, wie die Sonne in dem nach Westen offenen Tal immer tiefer sinkt, die Schatten der Berge länger werden, kann die Strenge dieser so typischen Zentralalpenlandschaft mit dem langgestreckten See, den Plattenwänden rundum, den Blockfeldern, Schneeflecken auf sich wirken lassen. – Und dann ist man schon im ersten Morgenlicht wieder unterwegs, wandert über die eigenartigen Gletscherschliffböden oberhalb der Seealm, erlebt, wie der Tag erwacht, wie die Schatten wieder tiefer sinken, genießt oben am Gipfel die noch morgendlich klare Sicht, die doch sonst oft schon am Vormittag durch die Quellwolken getrübt ist.

Ein paar Minuten unter dem Gipfel steht ein Wegweiser, der eine ganz besondere Route ankündigt. Sie haben ja sicher schon bei der Schneewinkelspitze über den Detmolder Weg gelesen, der hier sein Ende findet.

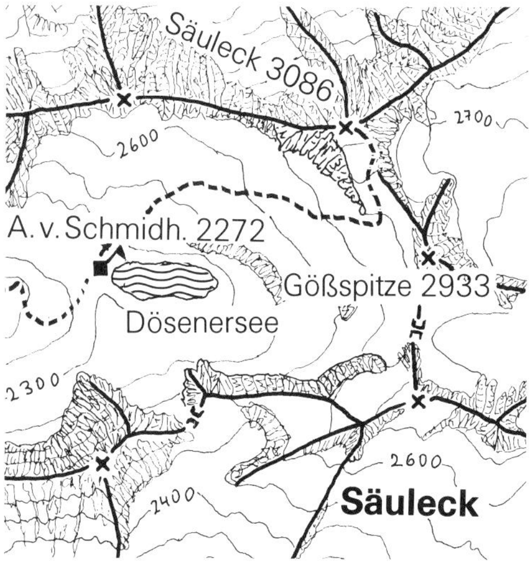

Ausgangspunkt ist die Konradhütte (1618 m, Gasthof) im Dösenertal, zu erreichen von Mallnitz (Tauerntunnel) auf einem Güterweg, 6 km.
Zugang zum Arthur-von-Schmid-Haus. Problemlos auf gutem Steig über zwei Stufen und einen Boden zur Hütte (2272 m, DAV, bewirtschaftet, $1^3/_4$ Std.).
Die Route zum Gipfel. Von der Hütte nach Norden über eine kurze Stufe. Erst über Matten, dann über Blockfelder und Gletscherschliffe schräg empor, um eine Felsecke, dann im Schutt direkt zum Gipfel.

Ankogel, 3246 m, **Kleiner Ankogel,** 3097 m

Seilbahnberg – und doch ein anspruchsvolles Ziel

Aufstieg-Std.	Gipfelaufbau	Abstieg
$2^1/_2$	Blockkletterei	gleiche Route

Der Bau von Bergbahnen ruft bei den Alpinisten immer wieder die gleiche unsinnige und ausgesprochen gefährliche Reaktion hervor. Den oder die Gipfel oberhalb nimmt man plötzlich nicht mehr

Sonnenaufgang von hoher Warte: Blick vom Rauriser Sonnblick nach Westen. Bei den Gipfeln im Hintergrund dominiert das Wiesbachhorn, während sich der Großglockner halb in den Wolken versteckt. In der Bildmitte der Goldzechkopf über dem Kleinen Fleißkees.

ernst. So löst auch das Wort Ankogel bei vielen heute nur ein etwas verächtliches Achselzucken aus. Dabei hat sich auf dem Weg dort hinauf durch den Seilbahnbau nichts, aber schon gar nichts geändert. Der Ankogel ist der gleiche mächtige, alles überragende, dunkle Felsklotz geblieben mit einer auffallend steilen Westwand, die von zwei spaltenzerfurchten Steilgletschern flankiert wird. Noch heute muß man in der Südostflanke parallel zu dem rasch ansteigenden Grat über die Blöcke klettern und bei den durch den Sand so rutschigen Platten auf der Hut sein. Noch heute darf man sich keinen Fehltritt leisten in dem teilweise recht ausgesetzten Gelände. Im Klartext: bis hinauf zum Kleinen Ankogel ist der gut markierte Anstieg – trotz des Minigletschers – durchaus einfach, doch der nicht mehr bezeichnete Weiterweg zum steilen Hauptgipfel erfordert unbedingt Trittsicherheit und Schwindelfreiheit. Wer jedoch die Schwierigkeiten wirklich beherrscht, wird viel Spaß an der Tour erleben, viel mehr, als er bei einem derartigen Allerweltsberg erwartet hätte. Der kurze Anstieg bietet Spannung und echte Abwechslung: Grashänge mit Blumen, Gletscherschliffe, eine Firnpassage, einen Blockrücken, einen waagrechten, aber erstaunlich schmalen Grat, eine Felsflanke steil und hoch über dem Pleß-

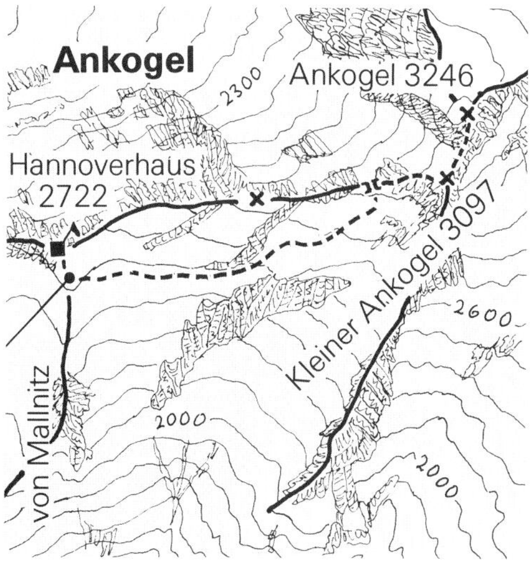

nitzkees. Dank des hohen Ausgangspunktes ist zudem der Blick völlig frei – zum Beispiel hinüber auf die gewaltige Hochalmspitze mit ihrem Plattenpanzer und den Eisrinnen. Und außerdem kann man interessante Studien treiben, was alles so am Ankogel herumsteigt, -schnauft, -keucht, zittert... Der Ankogel ist auch ein Berg mit Geschichte. Er wurde ungewöhnlich früh (1762) erstmals bestiegen, zudem brach 1932 der gesamte 16m hohe Gipfelaufbau in die Tiefe.

Ausgangspunkt ist die Bergstation der Ankogel-Seilbahn (2626 m). Die Talstation liegt im Seebachtal, 4 km vom beliebten Kärntner Ferienort Mallnitz entfernt.
Die Route. Von der Bergstation leicht abwärts über die Böden und auf einem guten Steig unter einem Felssporn hindurch. Wegverzweigung. Auf einem kleinen, gut markierten Steig über eine Stufe an den Rand des Lassacherkeeses und immer rechts an ihm entlang über Gletscherschliffe und Blockwerk zum obersten Boden. Quer über das Firnfeld auf den Grat und auf dem steinigen Weg auf den Kleinen Ankogel. Nun den Trittspuren folgende (ohne Markierung) über den kurzen Verbindungsgrat, dann rechts der Kante über Blöcke und sandige Rinnen mit leichter Kletterei steil aufwärts zum schmalen Gipfel.

Blick auf die Westflanke des Ankogels. Rechts der Aufstiegsgrat; man weicht jedoch meist in die nicht sichtbare Südflanke aus.

Schareck, 3122 m

Spannender Weg über vier Gipfel

Aufstieg-Std.	Gipfelaufbau	Abstieg
2½ + 3	langer, scharfer Grat	zur Neubau-Hütte

Der Aufstieg von Kolm Saigurn zum Niedersachsenhaus ist eine Art Prolog zur großen Scharecktour. Über Wiesenhänge steigen wir auf dem ordentlichen Weg gemütlich bergan, bleiben immer wieder stehen und bewundern die Sonnblick-Nordwand – 800 m dunkler Fels mit jähen Eiskanälen dazwischen. Unser Haus steht auf hohem, schmalen Grat. Wer hatte die Idee zu diesem kühnen Hüttenbau, zumal nur ein einziger großer Berg zum Tourenbereich gehört, unser Schareck? Uns soll's recht sein; dann herrscht kein Trubel wie auf jenen Massenstützpunkten mit einem ganzen Dutzend begehrter Gipfel rundum.
Am nächsten Morgen folgt dann unser großer Auftritt. Die Verwitterung hat einen schmalen Schiefergrat herausmodelliert mit supersteilen Flanken, geschmückt mit Felsabsätzen, Türmen, Zacken. An mancher Stelle sind wir froh um das Drahtseil, besonders an dem hohen Aufschwung mit den zerfallenen, von Erde verschmierten und noch dazu recht ausgesetzten Felsen. Wir überschreiten die Riffelhöhe, den Neunerkogel und dann im auffallend zerborstenen Fels noch die Herzog-Ernst-Spitze. Schließlich folgt der Gipfelgrat, der meist breit und schiefrig ist, dem jedoch wie ein Fremdkörper ein völlig glatter Felsturm aufsitzt, über dessen Scheitel wir – recht ausgesetzt – turnen müssen. Zum Schluß wandern wir dann am Rand jenes breiten Firndachs zum höchsten Punkt hinauf, jenem nordseitigen, federbettartigen Gletscher, der dem Schareck zu seinem markanten Aussehen verhilft, diesem „Berg verkehrt", der oben flach ist, dafür nach unten um so steiler wird.

Ausgangspunkt ist Kolm Saigurn (1600m), ehemaliges Zentrum des Goldbergbaus, zwei Stützpunkte. Holperige Zufahrt aus dem Rauriser Tal.
Zum Niedersachsenhaus. Vom Ammererhof auf gutem Fußweg kurz durch Wald, dann im freien Gelände zur Hütte (2471 m, DAV, bewirtschaftet, 2½ Std.).
Der Pröllweg zum Schareck. Über den anfangs sanften, doch bald recht scharf ausgeprägten Grat mit ein paar Felspassagen (Versicherungen) und einen steilen, erdigen, ausgesetzten Aufschwung zum ***Neunerkogel*** (2823 m, Kreuz und Buch). Etwas abwärts, dann wieder rasch empor über den Trümmergrat auf die ***Herzog-Ernst-Spitze*** (2933 m). Teils auf, teils nördlich neben dem Schiefergrat, einen plattigen Turm überschreitend (Drahtseil), schließlich über Schutt und Schnee zum Gipfel.
Abstieg über die Fraganter Scharte. Zurück zum Herzog-Ernst. Nun auf gutem Steig zur Scharte hinab und nach Norden über Schnee, Felsplatten und Geröllfelder zum Naturfreundehaus Neubau (2175 m, bewirtschaftet, ca. 1¾ Std.).

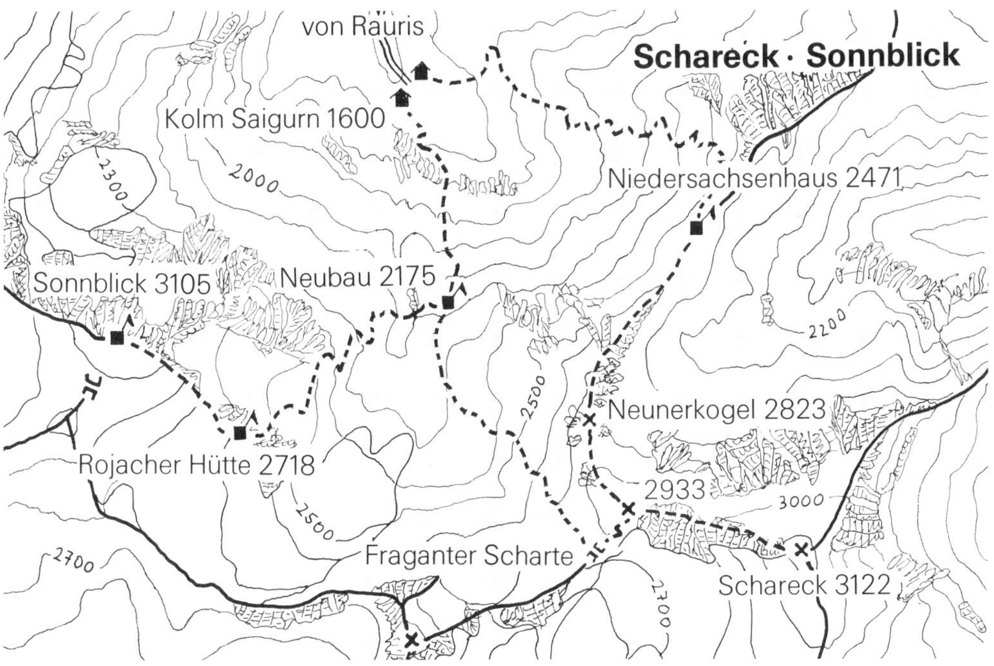

Rauriser Sonnblick, 3105 m

Auf einen der bekanntesten Tauernberge

Aufstieg-Std.	Gipfelaufbau	Abstieg
3	versicherter Ostgrat	gleiche Route

Schareck und Sonnblick ergeben zusammen eine ideale Rundtour für zweieinhalb Tage. Wenn wir vom Schareck über die Fraganter Scharte absteigen, dann kommen wir in einen weiten Bergkessel, wo noch alles an den Goldbergbau erinnert, der hier bis zur Jahrhundertwende betrieben wurde – zerfallene Riesengebäudc, Stollenausgänge mit dem rötlichen Abraum davor (an rote Maulwurfshügel erinnernd), Wege, Mauern usw. Wo die Hänge dann allmählich steiler ins Tal abfallen, da liegt – mit freiem Blick nach Norden – die Neubauhütte der Naturfreunde, unser Domizil für diese Nacht.

Am anderen Morgen schauen wir mit etwas Unbehagen nach Westen. Allzu gewaltig ragt das heutige Ziel, der Sonnblick, auf. Dort oben, das ist unser Grat, steil bricht er nach Nordosten ab. Aber man hat ja einen ordentlichen Weg angelegt, der uns mühelos die steilen Talhänge überwinden läßt, der hinüberführt zum winzigen Rojacher Hütterl, um dann dem Südostgrat treu zu bleiben. Wo die Felsen steiler werden und der Blick über die Wände etwas beängstigend, da hilft und beruhigt ein gutes Drahtseil. Ist das Gelände schneefrei und trocken, dann braucht man wohl eine gewisse Trittsicherheit und Geschicklichkeit, echte Hindernisse aber gibt es nicht.

Ganz zum Schluß wandern wir noch ein Stückchen über den hier flachen Gletscher mit dem bemerkenswerten Namen Vogelmaierochsenkarkees und kommen so zum Gipfel mit Alpenvereinshaus (und meteorologischer Station), also mit Bier, Mittagessen und Dreitausender-Rundblick in einem. Gewaltig stehen im Westen – ganz nahe – der Großglockner, im Südwesten die dunklen Felshörner der Schobergruppe, deren Hauptgipfel ja zu unserem Dreitausender-Programm gehört, ebenso wie Ankogel und Hochalmspitze drüben im Osten. Und dort ganz unten, steil zu unseren Füßen, grüßt der Ausgangsort Kolm Saigurn. Ja, das wird noch ein langer Abstieg, bevor wir wieder bei unserem Auto eingetrudelt sein werden.

Ausgangspunkt ist Kolm Saigurn bzw. das Naturfreundehaus Neubau (siehe Schareck).

Vom Neubau auf den Sonnblick. Von der Hütte nach Westen quer über das Tal und an den Hängen steil empor bis unter eine Felswand. Nach links auf einen Karrand und über das folgende, mit Schnee gefüllte Becken zur kleinen Rojacher Hütte (2718 m, teilweise bewirtschaf-

Die typische Landschaft der Schobergruppe: dunkle, steile Felsberge mit Schnee- und Eisrinnen. Die Nordflanke der Klammerköpfe (3163m) vom Bösen Weibl gesehen.

tet). Von hier über den Südostgrat mit einigen versicherten Felspassagen, teilweise etwas ausgesetzt (Trittsicherheit notwendig). Noch kurz über Firn, dann zum Gipfel mit dem Zittelhaus (DAV, bewirtschaftet).

Petzeck, 3283 m

Spannender Weg auf den Hauptgipfel der Schobergruppe

Aufstieg-Std.	Gipfelaufbau	Abstieg
2½ + 2½	Fels, Firn und Blöcke	gleiche Route

Es sind bestimmt drei Dutzend Bergseen, die die Karböden der Schobergruppe schmücken, eingebettet in Matten oder Blockfelder und überragt von den typischen schwarzen, kantigen Felsgipfeln des Gebietes. Der größte unter ihnen heißt Wangenitzsee, liegt 2465 m hoch und mißt in der Länge immerhin 800 m, in der Breite 500 m. Über seinem Ufer steht die Wangenitzseehütte (2508m), ein echtes Schmuckstück, adrett, wohnlich, gut ausgestattet – Hüttenleben gemütlich. Bergsteiger, die zu ihr heraufkommen, haben fast alle das gleiche Ziel im Sinn: das Petzeck, den Hauptgipfel der ganzen Schobergruppe. Das ist nicht ein einzelstehender, schmaler Berg, sondern ein wuchtiges

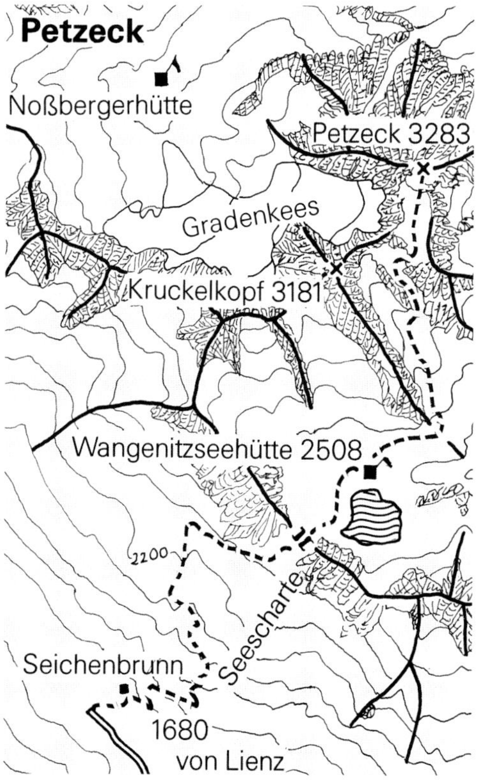

Massiv mit weitverzweigten Graten und einer ganz eigenartigen Hochfläche südlich knapp unter dem Gipfel, die auch im Sommer mit Schnee dick gepolstert ist, nach Osten und Westen jedoch mit Wänden abbricht. Der rauhe, steile Bergpfad windet sich oberhalb der Hütte geschickt zwischen den Abbrüchen hindurch, erreicht bald eine sehr hochalpine Landschaft aus Fels, Blöcken, Schneefeldern, Bächen, um schließlich in die erwähnte Hochfläche zu münden. Wie auf einem Flachdach wandert man hinüber – ein ganzes Dorf hätte hier Platz – und steigt dann über einen letzten Trümmerhang zu dem alles überragenden Ziel hinauf. Schade, daß der Gipfelstürmer seinen Berg nicht von unten, vom Gradenmoos, aus sehen kann. Volle 1000 m ist die Petzeck-Nordwand hoch, verziert mit senkrechten Eiskanälen. Nebenan stehen seine nicht weniger wilden Gesellen, der Georgskopf und der Friedrichskopf (3134 m). Das ergibt ein wahrlich imposantes Felskastell.
Bei der späteren Rückkehr zur Wangenitzseehütte empfindet man den Kontrast zwischen der herben Hochgebirgswelt und dem wohltuenden Grün der Matten, der blauen Fläche des Sees besonders intensiv. Gerade die so rasch aufeinander folgenden Gegensätze lassen einen beide Bereiche stärker spüren und erleben.

Ausgangspunkt ist Seichenbrunn (1680m) im Debanttal, dort, wo der Materiallift zur Hütte beginnt. Zufahrt auf kleiner Bergstraße von Lienz, der Hauptstadt Osttirols.
Zugang zur Wangenitzseehütte. Auf gutem Weg ziemlich direkt über steile Hänge in die Seescharte (2532 m) und zur Hütte (2508 m, Holländischer Alpenverein, bewirtschaftet, 2½ Std.).
Von der Hütte aufs Petzeck. Über einen Bach und fast waagrecht um den felsigen Ausläufer des Kruckelkopfes (Drahtseil). Hinauf zum Beginn des Kruckelkares. Jetzt rechts über eine Stufe auf eine Abdachung, die die Abbrüche von rechts nach links durchzieht. Zum Oberende der Abdachung, dann rechts über Schnee und Blockwerk zur Südschulter. Flach über den Firn nach Norden und über den kurzen Hang auf den Gipfel.

Gewaltig überragt der Großglockner das obere Ködnitztal in Osttirol. Auf einer Stufe inmitten der sehr steilen Grashänge liegt die Lucknerhütte. Das Foto wurde beim Aufstieg vom Lucknerhaus zur Glorerhütte gemacht.

Böses Weibl, 3121 m

Einfache Tour mit vielen Möglichkeiten

Aufstieg-Std.	Gipfelaufbau	Abstieg
3½	Firn- und Blockhänge	evtl. durchs Lesachtal

Selbstverständlich kann man das Böse Weibl schnell „erledigen", ihm bei einer nicht einmal besonders anstrengenden Tagestour aufs dunkle Haupt steigen. Das ist eine relativ einfache Sache und eine schöne und lohnende Fahrt noch dazu. Oberhalb des Peischlachtörls bleibt der gute Steig immer dem Nordrücken treu, damit man ungehindert nach Osten, Norden und Westen schauen kann. Die besondere Dekoration liefert dabei der Großglockner (3798 m) mit seinen wilden Südabstürzen. Vom letzten Kopf des Rückens muß man dann noch über ein Schneefeld hinaufstapfen, um den blockübersäten Zwillingsgipfel zu erreichen. Die große Überraschung für den Gebietsfremden: Der gesamte südliche Horizont wird von einem Gewirr von dunklen Bergen gefüllt, auffallend

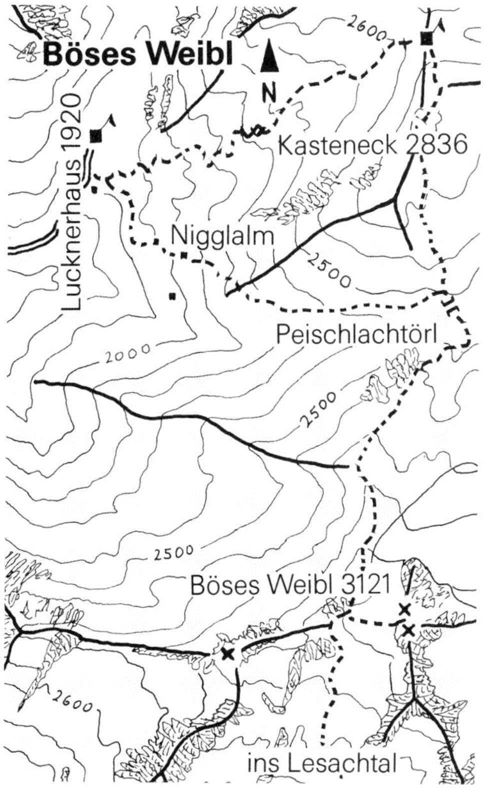

Der Nordgipfel des Bösen Weibls im Frühsommer. Man weicht den hier sichtbaren Steilhängen rechts aus.

scharfkantigen Felsgestalten, die mit Minigletschern und Eisrinnen geschmückt sind. Wußten Sie schon, daß die Schobergruppe zu den ausgesprochen wilden Felsgebirgen gehört?

Um noch mehr zu sehen von diesem dunklen Zauberreich wird man gerne den sehr langen Abstieg durchs Lesachtal auf sich nehmen. Da kommt man dann nahe vorbei am Glödis (3206 m), dem „Matterhorn der Schobergruppe", an den hohen Nordwänden von Ralfkopf und Ganot, erhascht auch einen Blick auf die Flanke des Hochschobers (3240 m), über die ein spaltenreicher Hängegletscher herabfließt. Doch um aus dem Ganzen ein wirklich rundes Erlebnis zu machen, könnte man schon am Vorabend vom Lucknerhaus zur kleinen Glorerhütte hinaufsteigen, dort übernachten und sich dann in aller Herrgottsfrühe auf den Weg machen, nicht ohne dabei einen weiteren Gipfel, das **Kasteneck** (2863 m) zu überschreiten.

Ausgangspunkt. Lucknerhaus (1920 m) im Ködnitztal. Zufahrt vom bekannten Ferienort Kals (1325 m) in Osttirol auf sehr gut ausgebauter Mautstraße.

Die kürzeste Route. Auf dem Sträßchen hinüber zur Nigglalm und dann auf einem guten Fußweg (in den Karten nicht eingezeichnet) erst steil empor, dann hinein ins Peischlachtal und links über dem Bach zum Peischlachtörl (stets steile Grashänge). Um einen Kopf herum, bei der Wegverzweigung rechts und lange Zeit über den Rücken empor. Schließlich über ein Schneefeld in die Gipfelscharte und auf die beiden gleichhohen Spitzen.

Die große Rundtour (in Stichpunkten). Vom Lucknerhaus zur Glorerhütte (2651 m, DAV, bewirtschaftet, 2 Std.). Steil auf das Kasteneck (2836 m) und über Wiesen ins Peischlachtörl. Weiter wie oben auf das Böse Weibl (2¹/₂ Std.). Abstieg in den nahen Tschadinsattel, steil nach Süden hinab und über weite Karböden und Almwiesen zur Lesachhütte (1828 m, bewirtschaftet). Auf der Straße hinab nach Lesach bei Kals. Insgesamt etwa 7 Std.

Großer Muntanitz, 3232 m, Kleiner Muntanitz, 3192 m

Höchster Berg zwischen Glockner und Venediger

Aufstieg-Std.	Gipfelaufbau	Abstieg
3¹/₂ + 2¹/₂	langgestreckter Grat	gleiche Route

Von Osten und Westen gesehen läßt sich das Muntanitz-Massiv mit nichts verwechseln. Wo gibt es sonst einen Grat, der bei 2 km Länge nur 200 m steigt, der auf der Westseite so breit ist, daß mehrere Autobahnen nebeneinander passen würden, jedoch nach Osten mit einer im mittleren Teil fast senkrechten Wand abbricht. Ganz gemächlich kann man über diesen hohen First wandern, auf Platten, auf Geröll, auf Schnee, bis hinauf zum **Kleinen Muntanitz** (3192 m). Doch hier ist urplötzlich jede Bummelei zu Ende. Der Grat zeigt seine Zähne, und gar mancher war beim Abstieg in die Scharte schon froh um das Drahtseil. Auch beim letzten Stück zum Hauptgipfel hinauf braucht man immer wieder einmal die Hände. Außerdem Vorsicht am Grat – die Ostseite ist oft weit überwächtet!

Doch nicht nur der Gipfelaufstieg, schon der Zugang zur Hütte ist eine mit Interessantem vollgestopfte Bergfahrt – vorausgesetzt, man kommt auf dem Sudetendeutschen Höhenweg von Kals herüber. Es bieten sich die schönsten Ausblicke, erst auf den Glockner, später auf die Defereggenberge, den Lasörlingkamm, die Venedigergruppe. Man kommt an den so verblüffend bunten Felsen des Blauen Knopfes vorbei, quert unter den jähen, von den Bratschen geschaffenen Steilflanken der Kendlspitzen hindurch, wandert über Gras, Geröll, Blöcke, klettert mit Hilfe des Drahtseils durch die Felsen...

Ausgangspunkt. Sessellift-Bergstation (1933 m), Talstation in Kals-Großdorf. Der Ferienort Kals (1325 m) ist der Osttiroler Talort für eine Glockner-Besteigung.

Höhenweg zur Sudetendeutschen Hütte. Von der Bergstation zur Ganotzalm. Rechts empor, um den Ganotzkogel ins Maurige Grübl und in das Hohe Tor (2477 m). Nun auf der anderen Gratseite quer durch die teilweise sehr steilen Hänge um den Kendlspitz-Südfuß zum Dürrenfeld und weiter über Blockwerk in die Dürrenfeldscharte (2823 m). Drüben steil abwärts (Drahtseil) und in weitem Bogen zur Hütte (2650 m, DAV, bewirtschaftet, 3½ Std.).

Der Karl-Schöttner-Weg zum Muntanitz. Von der Hütte nach Norden, bald jedoch stark nach links und an einem Kopf vorbei auf den Hauptkamm. Über die völlig unbedeutenden Wellachköpfe und das weite Bergdach auf den ***Kleinen Muntanitz*** (3192 m). Drüben durch eine versicherte Rinne hinab und in die trennende Scharte. Steiler im Fels auf den Hauptgipfel.

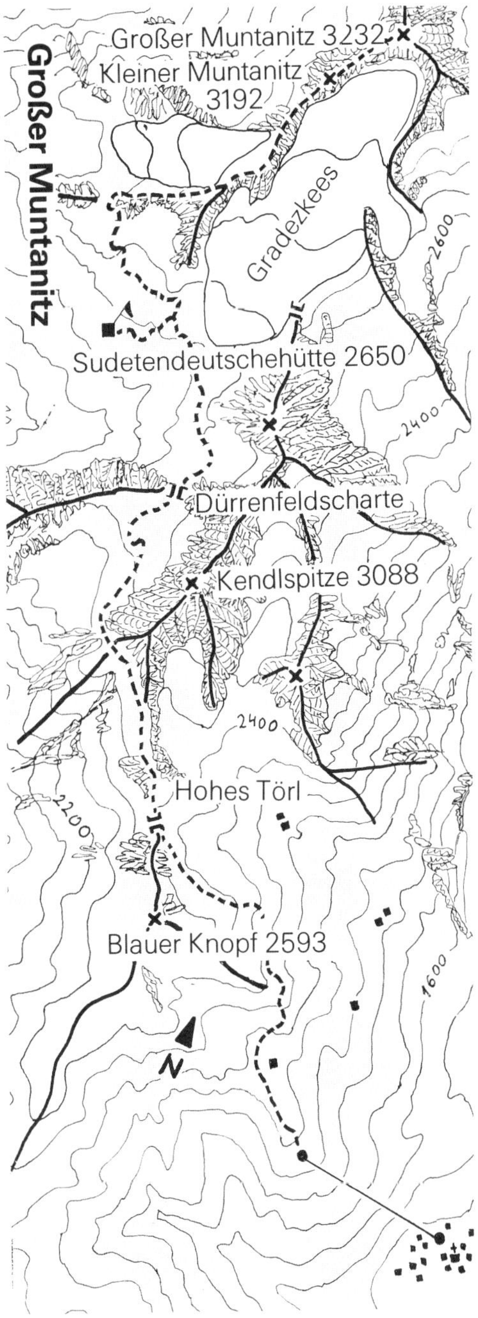

Großer Lenkstein, 3236 m, **Roßhorn,** 3068 m

Hochalpiner Steig in großer Fels- und Eislandschaft

Aufstieg-Std.	Gipfelaufbau	Abstieg
2¾ + 2¾	Südflanke und -grat	gleicher Weg

Niemand wird einen Abstecher ins wenig bekannte, etwas abgelegene Defereggen bereuen. Gerade der Weg zum Lenkstein ist das Ideal einer Zentralalpentour mit allen notwendigen Attributen. Hinter Erlsbach fährt man an der tosenden Schwarzach entlang, einem echten Wildbach, passiert von mächtigen Wetterfichten umrahmte Wiesenflekken, so richtig verwunschene Plätzchen. Später wandert man dann durch riesige Alpenrosenfelder hinauf ins Patschertal mit seinem Mattenboden und den letzten, zerzausten Lärchen. Über die hohen Talhänge schauen die schneeverzierten Ohrenspitzen (3101 m). Ja, so heißen die Gipfel südlich des Tales mit ihren vielen Zacken.

Wer die Sache gemütlich anpacken will, der übernachtet auf der urigen Barmer Hütte. Sie ist gleichzeitig der Hauptstützpunkt für die Besteigung des wildesten Gesellen im Riesenfernergebiet, für den Hochgall (3435 m). Aber auch der Weiterweg zum Lenkstein wirkt recht eindrucksvoll. Der kleine AV-Steig muß eine 200 m hohe Felsflanke überlisten. Das erfordert ein sicheres Gehen und Schwindelfreiheit. Und hoffentlich gibt es kein Eis in der großen Rinne (in der Hütte erkundigen). Schließlich steht man aufatmend oben auf dem Kamm in einem erstaunlich weiten und flachen

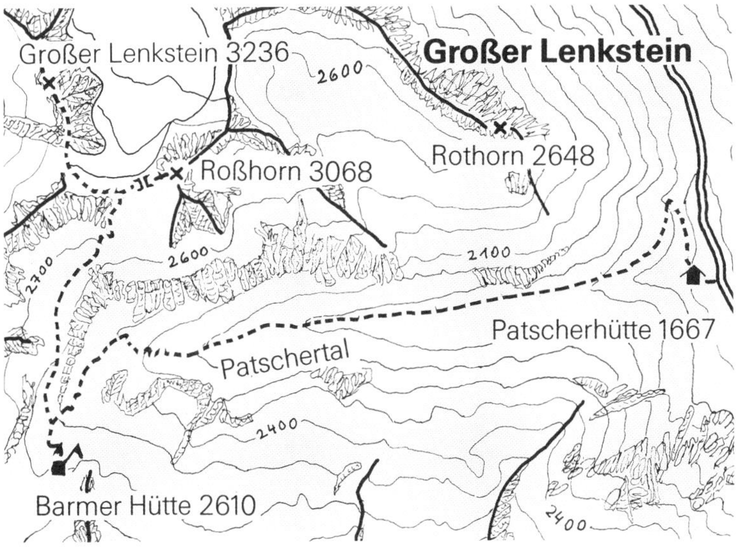

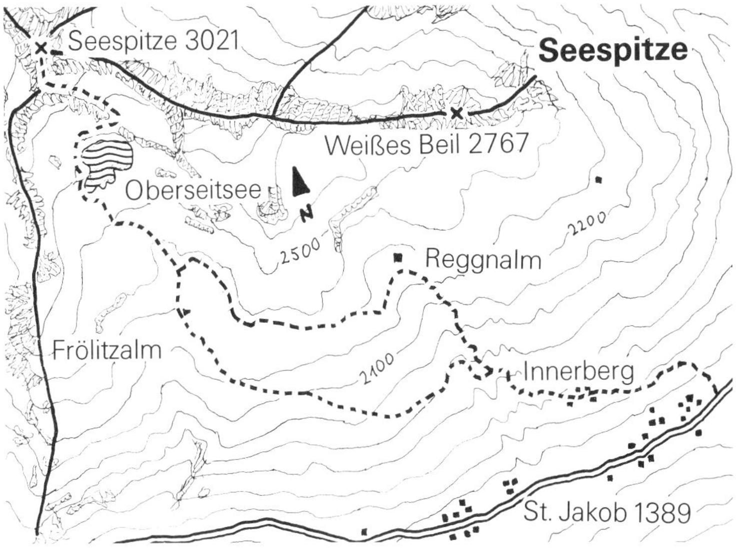

Gelände – eine Erholung für die Nerven. Hier können die Müden nach rechts abbiegen und auf einem Steiglein über Schutt das Roßhorn (3068 m) erreichen, einen schönen, dunklen Felsgipfel. Doch das große Ziel bleibt der Lenkstein, der allerdings noch einmal die Gipfelstürmer einschüchtern will, diesmal mit einem rostroten Grataufschwung. Doch auch jetzt hilft der gute Steig. Die Enttäuschung dann beim Erreichen des Gratabsatzes: der Gipfel liegt noch ein gutes Stück zurück. Man muß noch über einen Firnbuckel queren, über einen Blockkamm turnen, bis endlich das stolze, seine Umgebung weit überragende Ziel erreicht ist. Dann wird man es sich auf den warmen Felsplatten gemütlich machen, die Brotzeit genießen und all die Berge rundum bewundern von den Dolomiten über den Hochgall, die Zillertaler bis zu den Großen der Hohen Tauern.

Ausgangspunkt. Gasthaus Patscherhütte (1667 m) im innersten Defereggental. Gute Bergstraße von St. Jakob, dem Hauptort des Tales.
Zur Barmer Hütte. Auf bequemem Ziehweg anfangs über eine Stufe, dann flach im Tal zum Materiallift. Nun auf Fußweg über Schutt und steile Grashänge zur Hütte (2610 m, DAV, bewirtschaftet, 2¾ Std.).
Der Gipfelweg. Auf der deutlichen Abdachung nach Norden, dann durch die hohe, teilweise felsige Flanke (Drahtseile) auf den Kamm oberhalb der Roßhornscharte. Weiter über Blockwerk und Schnee auf den Hauptkamm und ins Lenksteinjoch (3082 m). Meist rechts neben dem Grat mit ein wenig Kletterei über den Steilaufschwung, dann flach über Firn und Blöcke auf den Gipfel.

Skizze für Seespitze siehe Seite 25

Seespitze, 3021 m

Unbekanntes Ziel im einsamen Panargenkamm

Aufstieg-Std.	Gipfelaufbau	Abstieg
4¾	felsiger Südgrat	gleiche Route

Wäre bei einer Tour wirklich der berühmte Name ein Spiegel für das Schöne, das Interessante, das Lohnende einer Tour, dann müßte man von der Besteigung der Seespitze im Panargenkamm entschieden abraten. Wer kennt schon diesen Berg? Und doch wird es – zumindest unter den Ausdauernden – keinen geben, der am Abend nicht rundum zufrieden nach St. Jakob im Defereggen zurückkehren würde. Die Länge des Weges – immerhin 1470 Höhenmeter – ist eines der Seespitz-Attribute, die Abwechslung ein zweites, Ruhe und Unberührtheit ein drittes. Den ganz besonderen Charakter dieser Tour aber schafft der freie Blick, der uns ununterbrochen begleitet. Hier gibt es kein enges Tal, keine abgeschlossenen Bergwinkel. Anfangs zieht der Weg an den steilen Talhängen entlang und bietet einen Raubvogelblick hinab auf St. Jakob, diese Streusiedlung mit ihrem Dutzend Ortsteilen. Oben im Almbereich wird die Schau nach Süden auf die dunklen Fastdreitausender gegenüber, die Defereggenberge, immer freier. Und es bleibt stets ein besonderes Ereignis, sobald über dem Gsieser Törl der Monte Cristallo (3216 m) und die Hohe Gaisl als erste Dolomiten-Vorboten auftauchen. Im obersten Kessel versteckt sich ein erstaunlich großer, verträumter Bergsee (2576 m), in dem sich unser Gipfel, die Seespitze, spiegelt. Sie ist eine formenschöne Felspyramide mit ganz auffallend abgerundetem Gipfel und einem wildgezackten Ostgrat, dessen Anblick das Herz jedes Kletterers höher schlagen läßt. Auch wir brauchen oben am steilen Gipfelaufbau mit seinen Platten und Felsrinnen hin und wieder unsere Hände, müssen trittsicher und schwindelfrei sein. Es ist ein spannendes Turnen in luftiger Höhe, unendlich hoch und fern über dem Tal, wo wir heute morgen aufgebrochen sind.

Ausgangspunkt ist Außerberg (1550 m), ein Ortsteil von St. Jakob im Defereggen (1389 m), gute Bergstraße dorthin. Das in einem weiten Wiesental liegende St. Jakob gehört zu den noch relativ ruhigen Ferienorten.
Die Route. Von Außerberg auf dem Höhenweg nach Innerberg und weiter in nordwestlicher Richtung teilweise steil

Gerade in den Hohen Tauern sind die Bergbäche ein ganz wesentlicher Teil der Landschaft.

aufwärts. Entweder über die Frölitz- oder die Reggnalm zu weiten Almböden. Hinauf zum Oberseitsee. Am linken Ufer entlang, dann über eine kurze Stufe. Auf einer Geländeschwelle (kurzzeitig sehr steil) nach links zum Ansatzpunkt des Südgrates. Anfangs in Gratnähe, später daneben über Schutt und Fels steil auf den Gipfel. Vorsicht, Steinschlag!

Sailkopf, 3209 m

Kühne Felsberge 2000 m über dem Virgental

Aufstieg-Std.	Gipfelaufbau	Abstieg
4 + 1½	ostseitiger Blockgrat	gleiche Route

Manche Hütte hat eine herrliche Lage. Doch einen derartigen Luginsland wie die Bonn-Matreier-Hütte (2750 m) findet man kaum ein zweites Mal im weiten Alpenrund. Sie steht volle 1500 m über dem unteren Virgental, wohlbemerkt unmittelbar darüber, in den erstaunlich steilen Hängen, in denen es keine richtigen Täler, nur jäh ansteigende Mulden gibt. Ja, ihr Standplatz ist so hoch, daß man über die im Süden liegenden Gipfel des Lasörling-Ostkammes hinwegschauen kann auf die Schobergruppe, auf die Villgratener Berge jenseits des Defereggentales, auf den Hochgall... Und wer nun meint, eine derartige Hütte müsse mühsam an den Steilhängen verankert sein, der ist völlig auf dem Holzweg. Sie liegt auf einem ganz eigenartigen, grünen Dach, einem Flachdach, das auf beiden Seiten mit Wänden abbricht – ein Platz wie geschaffen für den Hüttenbau. Aber auch die Gipfel im unmittelbaren Bereich sind etwas Besonderes, schroffe, mächtige Felsberge, deren Besteigung teilweise ernste Kletterei erfordert, es gibt hier sogar Routen bis hin zum Schwierigkeitsgrad V. Besonders imposant schaut die Sailspitze (3137 m) aus, der südliche Vorposten des Sailkopfes, den wir vor lauter Schwärmen über die Lage der Hütte natürlich nicht vergessen wollen. Das Rauhkar vermittelt den Zugang zum Grat. Das ist eine passende Bezeichnung für diesen engen, von Wänden eingeschlossenen und von Trümmern gefüllten Bergkessel. Hier führt der Steig empor, überlistet die schließlich recht steilen Hänge und mündet dann in die linke Gratscharte (3040 m). Dort folgt der sich noch mächtig auftürmende Gipfelgrat. Das Turnen über Blöcke und Platten, über Stufen und durch Rinnen macht Spaß, wenn die Felsen warm und trocken sind (Ostseite = Morgensonne) und man die entsprechende Trittsicherheit und Geschicklichkeit mitbringt. So hoch und stolz der Sailkopf auch ist, so wird er doch im Westen noch von einem anderen, ganz nahen Berg mächtig überragt, dem Großen Eichham (3371 m), einem der auffallendsten Felsgipfel der Tauern.

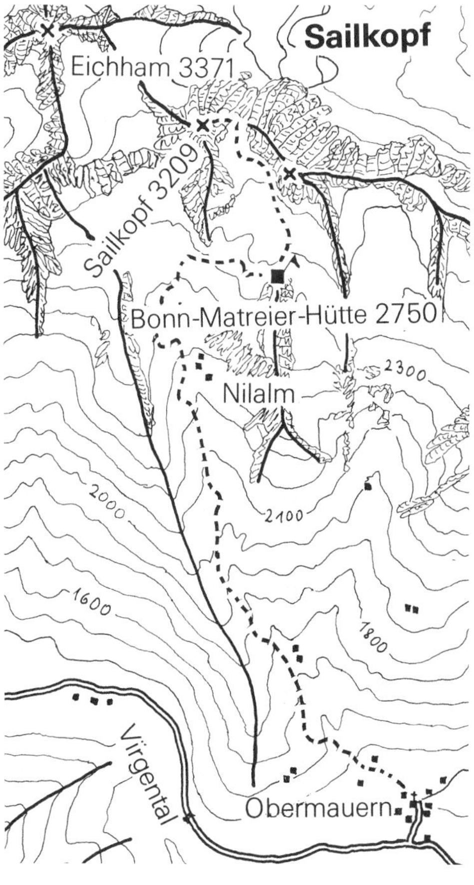

Ausgangspunkt. Obermauern (1301 m), ein Ortsteil von Virgen im gleichnamigen Osttiroler Tal.

Zur Bonn-Matreier-Hütte. Immer auf guten Wegen westlich des Nillbaches ins Große Nilltal, das rasch nach Norden ansteigt. Aus dem obersten Boden nach rechts hinaus zur Hütte (2750 m, ÖAV und DAV, bewirtschaftet, 4 Std.).

Die Route zum Gipfel. Über Gras in das blockgefüllte Rauhkar zwischen Sailspitze und Rauhkopf. Steil, am Schluß sehr steil (evtl. Schneereste) zum Grat und nach links in leichter Kletterei auf den Gipfel.

Larmkogel, 3022 m

Weitabgelegener, einsamer Aussichtsberg

Aufstieg-Std.	Gipfelaufbau	Abstieg
3 + 2½	kurzer Südgrat	durchs Habachtal

Die Menschen haben schon so ihre Marotten. Die einen kommen ins Habachtal, steigen stundenweit bergauf, um dann im Gestein und Schutt nach Mineralien zu wühlen. Die Habacher Smaragde sind ja berühmt! Wir anderen wandern ebenfalls stundenlang, um einen Abend am dunklen Kratzenbergsee zu verbringen, um in der Morgensonne die so herrlich reine Luft auf einem Dreitausender zu atmen. Auch ein bißchen Ehrgeiz und der Wille zum Erfolg gehören zum jeweiligen Spiel – und da haben wir die weitaus besseren Chancen. Welcher Amateur findet schon einen der wirklich klaren Smaragde? Uns hingegen können allenfalls dicker Nebel oder allzu vereiste Steine bremsen.

Wem das oberste Hollersbachtal, in dem die Neue Fürther Hütte liegt, gefallen soll, der muß auch das Strenge in der Bergwelt lieben. Dieser enge Bergkessel mit seinen felsdurchsetzten Hängen, den kleinen Wiesenböden, dem etwa ein Kilometer langen Kratzenbergsee ist eine völlig in sich abgeschlossene Welt. Aber gerade das gibt den schönsten Gegenpol zu dem völlig hindernislosen Blick oben vom Gipfel des Larmkogels (auch Labenkogel genannt).

Im Südwesten beherrschen dann die Gletscher das Bild, wie das Habachkees drüben bei der Thüringer Hütte, die wir später, bei unserem Abstieg, noch besuchen wollen.

Darüber aber ragt gewaltig, riesig der Großvenediger (3674 m) mit Eiskalotte und Nordwand auf. Ja, auch der Großglockner gehört zum Panorama, das Wiesbachhorn, die Berchtesgadener Alpen, der Wilde Kaiser, die Reichenspitzgruppe...

Wer hätte dies unserem relativ bescheidenen Gipfel zugetraut! Später tauchen wir dann aus der Weite wieder hinab in eine immer engere Umwelt, rücken doch die Talhänge näher und näher zusammen, je mehr wir uns der Sohle des langgestreckten Habachtales nähern, jenes anfangs erwähnten Smaragd-Traumlandes.

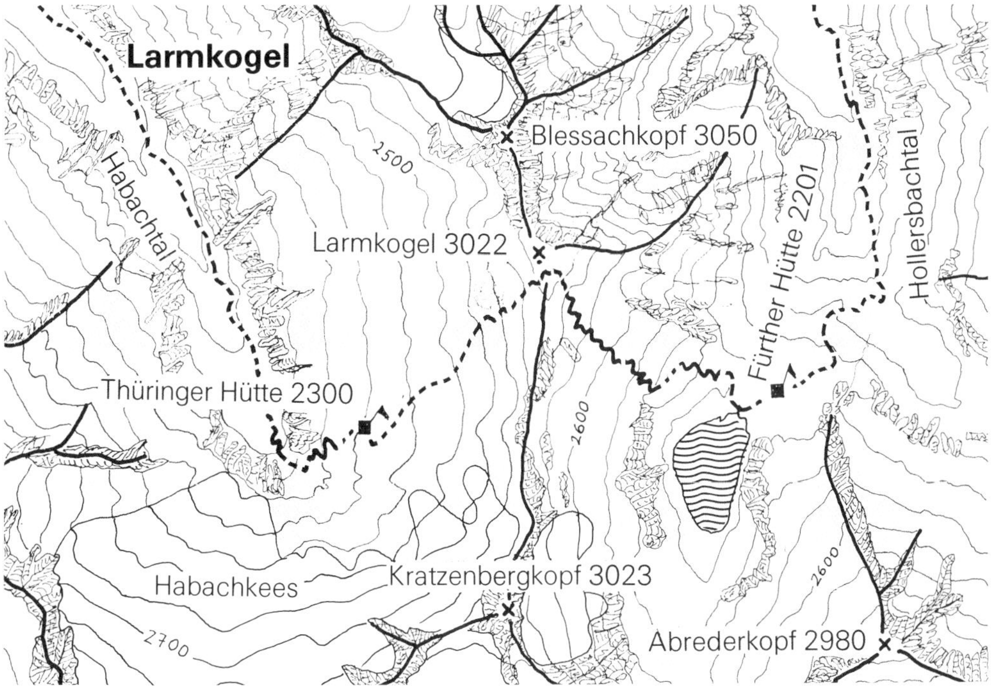

Ausgangspunkt ist das Gasthaus Edelweiß im Hollersbachtal, einem Nebenast des Oberpinzgaus. Dorthin mit Kleinbustaxi; zu Fuß $2^{1}/_{2}$ Std.

Zugang zur Neuen Fürther Hütte. Östlich des Baches talein zum Ofnerboden. In den linksseitigen Hängen über die folgende Steilstufe zu einem sumpfigen Talboden und über eine weitere Stufe hinauf zur Hütte (2201 m, DAV, bewirtschaftet, 3 Std.).

Auf den Larmkogel. Hinab zum nahen See. Drüben anfangs über Matten, später über Schutt, Platten und Schnee in vielen Kehren die Hänge empor in die Larmkogelscharte (2934 m). Über den kurzen Blockgrat auf den Gipfel.

Abstieg durchs Habachtal. Zurück zur Scharte und nun nach Westen hinab zur Thüringer Hütte (2300 m, DAV, bewirtschaftet). Auf gutem Weg talaus zum Gasthaus Alpenrose und mit Kleinbus ca. 6 km durchs Habachtal hinaus in den Pinzgau.

Keeskogel, 3291 m

Die ideale Venediger-Aussichtskanzel

Aufstieg-Std.	Gipfelaufbau	Abstieg
6 + 2	Schuttrücken	gleiche Route

Der Keeskogel bietet einen ganz besonderen Rekord innerhalb dieses Buches, er ist der Berg mit dem längsten Hüttenanstieg. Vom Straßenende braucht man gut und gerne seine sechs Stunden. Der ewig-Eilige wird dabei schier verzweifeln und sollte sich lieber ein anderes unserer vielen Ziele heraussuchen. Doch was soll die Unrast? Hat man nicht einen ganzen Tag Zeit? Langeweile bei einem Weg durchs Obersulzbachtal – das wäre nur ein Zeichen unserer eigenen Unfähigkeit, offen und empfänglich für eine noch weitgehend unveränderte Natur zu sein. Zu sehen gäbe es dabei genug, von den kleinen Dingen in der Nähe, den Pflanzen oder dem so ungemein wasserreichen Obersulzbach bis hin zu dem grandiosen Blick auf die Gletscherberge über dem Talschluß, die vom Großen Geiger (3360 m) beherrscht werden. Der Aufmerksame wird auch jene ganz kontinuierliche Entwicklung in der Vegetation vom üppigen Bergwald über die Alpenrosen- und Almregion bis hin zum arktischen Hochgebirgsrasen bewußt miterleben.

Der Keeskogel – man könnte das Wort etwa mit Gletscherkopf übersetzen – ist zwar selbst ein etwas unscheinbarer Geselle, ein Dreikant aus Blockwerk mit einem charakteristischen Gletscherchen unter dem Gipfelgrat, dafür aber eine Aussichtskanzel, die es mit mancher Berühmtheit aufnehmen kann. Natürlich ist der Großvenediger (3674 m) das Prunkstück im Rundblick, zeigt er doch seine schroffste Seite mitsamt der Eiswulst-Nordwand! Von einem Keeskogel aus kann man selbstverständlich auch Gletscherstudien treiben, fast ringsum ist man von leuchtendem Weiß umgeben, keinen gleichförmigen Schneeflächen, sondern zerrissenen Eisfeldern mit Spalten und Brüchen.

Außerdem, lassen Sie sich nicht täuschen! Nur im Verhältnis zum übermächtigen Venediger ist der Keeskogel ein kleiner Berg. Mit seinen fast 3300 m gehört er zu den hohen Zielen. Da können zum Beispiel Schnee und Kälte zu echten Prüfsteinen werden.

Ausgangspunkt ist der Hopffeldboden (1050 m) im Obersulzbachtal, 3 km bzw. 1 Std. aus der Sulzau (857 m) im Oberpinzgau.

Zur Kürsingerhütte. Etwa 8 km in dem sehr langgestreckten Tal, vorbei an den Gasthöfen Brendlalm und Postalm hinein zum Talschluß. Nun an den linksseitigen Hängen oberhalb der Gletscherzunge (Obersulzbachkees) über eine Felsstufe und weiter zur Hütte (2547 m, ÖAV, bewirtschaftet, 6 Std.).

Die Route zum Gipfel. Von der Hütte über die Hänge nach Osten zu einer Wegverzweigung (etwa 25 Min.). Nun ziemlich gerade aufwärts über Gras, Schutt und Platten (Schnee) auf eine Schulter im Südwestgrat. Auf der stumpfen Kante steil über Schiefer und Blockwerk zum Gipfel.

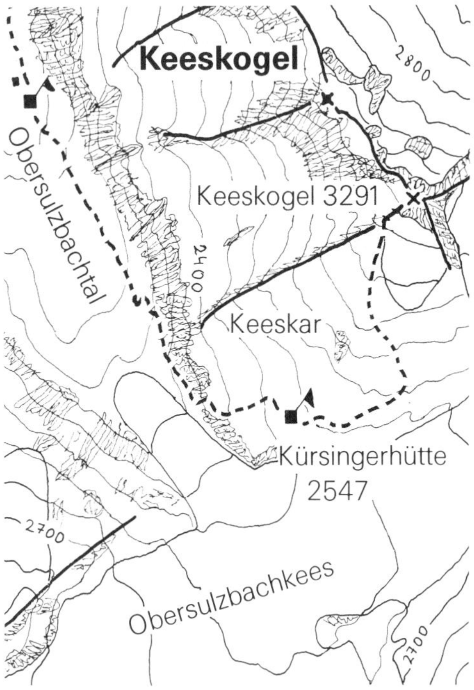

Zillertaler und Stubaier Alpen

Blick von der Furtschaglhütte zum Großen Möseler, dem beherrschenden Berg bei unserer Tour über das Schönbichlerhorn, und auf das Furtschaglkees.

Zillertaler und Stubaier Alpen in einem Kapitel – das ist so eine Art Zwangsehe. Zusammen füllen Sie gerade einen Abschnitt unseres Buches, und alleine würden sich die Zillertaler mit ihren drei Zielen doch etwas kümmerlich ausnehmen. Es ist schade, daß die Gipfel mit Wegen dort so spärlich vertreten sind. Denn in den Zillertalern gäbe es an sich viel zu bewundern, spitze Felsberge, lange, zersägte Grate, mächtige, oft recht zerschründete Gletscher. Gerade sie sind es, die den Bergwanderer weitgehend ausschließen. Ähnlich wie in der Silvretta ist in den Zillertaler Alpen die Eisbedeckung besonders stark, füllen die Gletscher – hier Kees genannt – alle Becken und reichen die Zungen weit herab.

Ganz anders schaut es drüben im Stubai aus, jenem klassischen Bergrevier der Innsbrucker, aber auch der Münchner, der Oberbayern. Die günstigen Verkehrsverbindungen schaffen jene „schnellen" Dreitausender wie den Sulzkogel, den Zischgeles, die Rinnenspitze, die sich sogar – und zwar ohne Mühe – von der bayerischen Landeshauptstadt aus als Tagestour anpacken lassen. Hier gibt es besonders ausgeprägt jene Wochenendziele mit ganzen Bergsteigerprozessionen am Samstag und Sonntag (vor allem im Frühherbst) und paradiesischer Ruhe unter der Woche. Wer es sich also leisten kann...

Nord- und Südstubai, auch Hochstubai genannt, zeigen zwei recht unterschiedliche Gesichter. Im Nordteil, der weitgehend zum Einzugsgebiet des Sellraintales gehört, da herrschen die dunklen Felsgipfel, mächtige, langgestreckte, oft recht wilde Grate; das Eis ist hier nur eine Art Dekoration für die hintersten Karwinkel. Ganz anders im Süden. Hier dominieren die Gletscher – in Tirol als Ferner bezeichnet –, weite, leuchtende Flächen, die von den Gipfeln nur noch mäßig überragt werden. So ist das Nordstubai ein Dorado für die Kletterer (es kommen jedoch nur wenige, so bleiben viele Gipfel ausgesprochen einsam), das Hochstubai hingegen gehört den Gletscherwanderern, all jenen, die mit Seil und Pickel umgehen können und die Fähigkeit besitzen, einen eingebrochenen Kameraden aus der Gletscherspalte wieder zurück an die Sonne zu befördern. Für uns gibt es eine ganze Anzahl allerlohnendster Gipfel, schön über das Gebiet verstreut, um von jedem der verschiedenen Gebirgsteile etwas kennenzulernen. Und mittendrin thront ein ganz besonderer Berg, der Schrankogel (3496 m), das Nonplusultra eines hochalpinen Gipfels mit Weg.

Richterspitze, 3054 m

Wegedreitausender inmitten einer bizarren Felswelt

Aufstieg-Std.	Gipfelaufbau	Abstieg
$5^1/_2 + 2^1/_4$	blockiger Südgrat	nach Krimml

Mit „sollte" muß man dieses Kapitel beginnen. Es sollte wirklich jeder einmal in die Reichenspitzgruppe kommen, auch dann, wenn er nicht zu den Kletterern und Eisgehern gehört. Wo gibt es sonst schon derartig zersägte Grate mit senkrechtstehenden Schichttafeln, so polierte Plattenschüsse und das alles dekoriert mit kleinen, aber wildzerrissenen Gletschern. Man wird an die Aiguilles von Chamonix erinnert, jene bizarren Trabanten des Montblanc – allerdings im Taschenformat.

Genau in der Mitte der langen Zackenkette steht die Richterspitze, ein echter Wegedreitausender, durch einen ordentlichen Steig erschlossen und deshalb nicht schwieriger als andere Ziele in diesem Buch. Und wer sich für die Richterspitze entschieden hat, der sollte – jawohl, sollte! – zudem seine Tour drüben im Wildgerlostal beginnen, der malerischsten Urgesteinslandschaft weit und breit. Mächtige Zirben, rauschende Bäche, vom Gletscher rundpolierte Felsen, Wasserfälle, zwei große Bergseen und dahinter das so spaltenreiche Wildgerloskees mit den beiden markantesten Gipfeln des Gebietes, der Reichenspitze (3303 m) und der Wildgerlosspitze (3278 m) – das ist schon eindrucksvoll! Und dann der Blick oben von der Roßkarscharte auf die Berge der Venedigergruppe mit der alles beherrschenden Dreiherrenspitze (3499 m)! Man kann es getrost versprechen: Es werden zwei lange, aber auch an Eindrücken besonders reiche Tage sein.

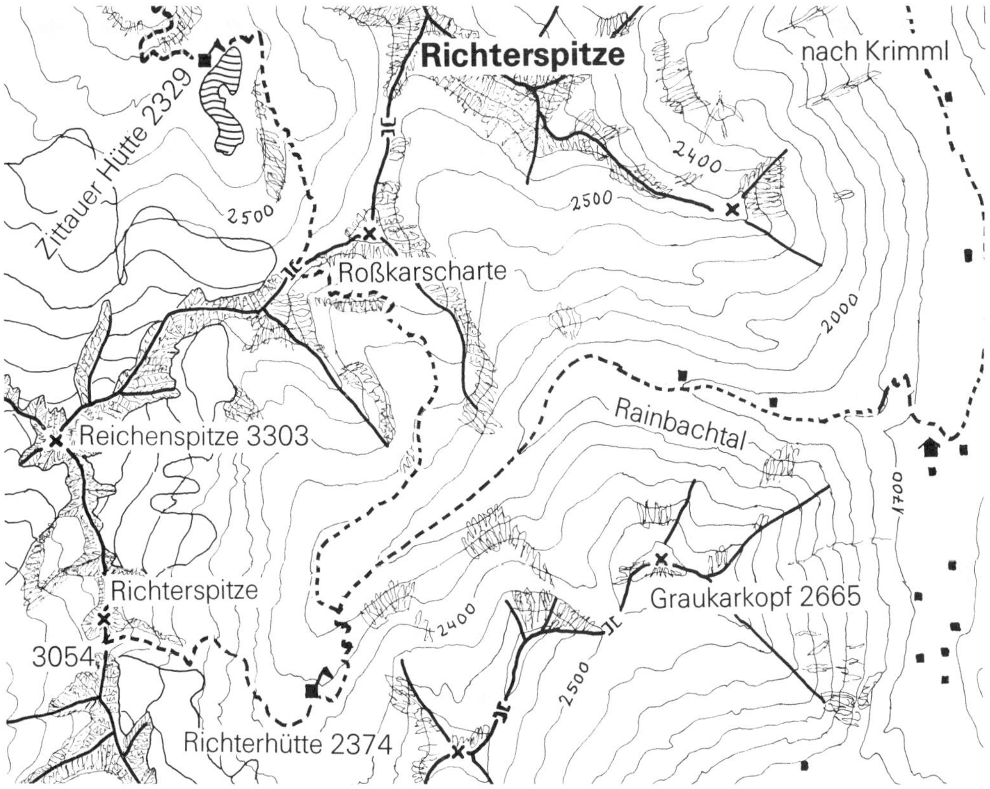

Ausgangspunkt. Finkau (1440 m) südlich des Durlaßbodensees im Wildgerlostal, Zufahrt vom Gerlospaß auf kleiner Bergstraße. Talorte sind Gerlos und Krimml.

Über die Roßkarscharte zur Richterhütte. Immer östlich des Baches durch das Wildgerlostal zum Talschluß. Nun rasch steigend zwischen Gletscherschliffen empor, schließlich über Matten zur Zittauer Hütte (2329 m, DAV, bewirtschaftet, 2¾ Std.). Östlich um den See, bei der Verzweigung geradeaus weiter und dann über Platten und Geröll (Schnee) in die Roßkarscharte (2687 m, 1 Std.). Drüben – sich links haltend – im Blockwerk hinab ins Roßkar, dann lange Querung der Hänge ins obere Rainbachtal. Kurz aufwärts zur Richterhütte (2374 m, DAV, bewirtschaftet, 1¾ Std.).

Von der Hütte auf den Gipfel. Quer durch das Kar nach rechts, dann über Gras und Schutt (Schnee) auf dem Steig in die Gamsscharte (2976 m). Über eine kurze Felsstufe (Drahtseil), dann im Blockwerk auf den Gipfel.

Abstieg nach Krimml. Auf dem guten Weg hinab zum Krimmler Tauernhaus und durch das lange Tal, zuletzt an den Krimmler Wasserfällen vorbei, nach Krimml im Pinzgau. Ca. 3 Std. Mit dem Bus zurück zum Gerlospaß.

Schönbichlerhorn, 3133 m

Die Gletscher-Aussichtsloge der Zillertaler Alpen

Aufstieg-Std.	Gipfelaufbau	Abstieg
2½ + 2½	teilweise versichert	durch den Zemmgrund

Der Kluge läßt sein Auto unten beim Gasthaus Breitlahner stehen und gondelt mit dem Bus zum Schlegeisspeicher hinauf. Man kann sagen was man will, doch dieser Stausee bereichert das Bild, mildert, belebt die sehr strenge Landschaft. Wie ein Fjord schmiegt er sich zwischen die felsdurchsetzten Hänge. Im Talschluß leuchten die Firnfelder des Schlegeiskeeses. Im hintersten Winkel des Tales steht der Hochfeiler, mit seinen 3510 m der Häuptling unter allen Zillertaler Gipfeln und dank seiner glatten und hohen Eiswand einer der vornehmsten Berge der Ostalpen. Bei den zahllosen Kehren hinauf zum Furtschaglhaus wird der Blick auf diesen Berg immer eindrucksvoller, immer großartiger.

In der Kühle des neuen Morgens geht es dann auf dem teilweise so liebevoll angelegten Weg höher hinauf. Für Stunden beherrscht nun der Große Möseler (3478 m) das Bild. Beim Aufstieg zeigt er seine wulstige Nordwest-Eiswand, vom Gipfel des Schönbichlerhorns besticht er durch die scharfen Gratkanten, das Nebeneinander von Fels und Eis, und später, beim Abstieg, wächst er als Riesenpyramide aus dem so wild zerklüfteten Waxeckkees empor. Die ganze Tour ist überhaupt eine kurzweilige Sache, gewürzt durch die Blockkletterei oben am Gipfel (Drahtseile lassen die Ängste auf ein Minimum sinken) und angereichert durch ständig neue, reizvolle Ausblicke wie etwa auf den Turnerkamp (3418 m), jenen mächtigen Felsdreikant, oder auf die kecke Zsigmondyspitze, den berühmtesten Zillertaler Kletterberg.

Ausgangspunkt ist der Schlegeisspeicher (1790 m), den man von Mayrhofen im Zillertal über Ginzling auf guter Straße erreicht (letzter Abschnitt Maut).

Vom See zum Furtschaglhaus. Auf dem gesperrten Werkssträßchen etwa 4 km am Westufer des Sees entlang, dann über Gras- und Schuttböden noch 1 km talein. Jetzt links aus dem Tal in zahl-

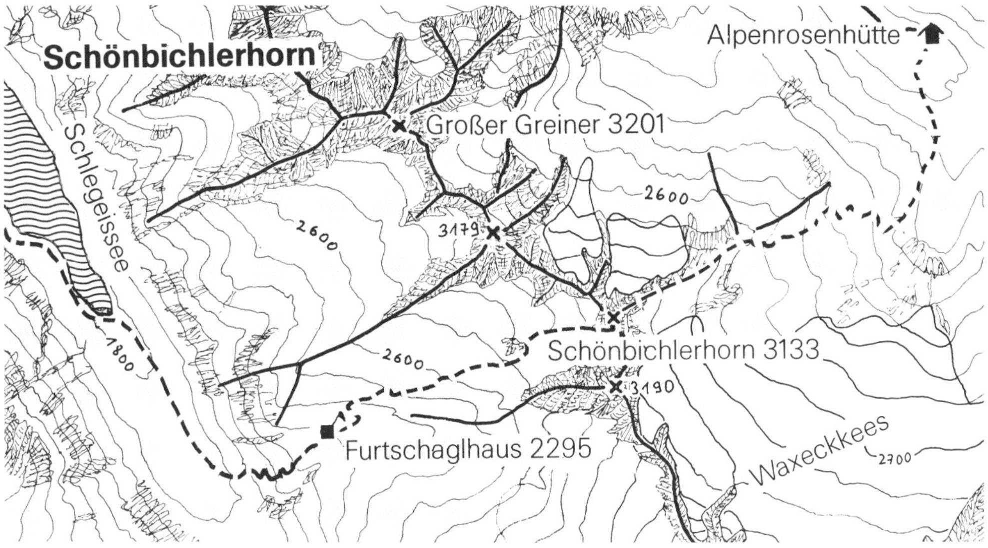

reichen Kehren über die Steilhänge zur Hütte (2295 m, DAV, bewirtschaftet, $2^1/_2$ Std.).

Die Route zum Gipfel. Auf gutem Bergweg schräg über die Mattenhänge empor in einen kleinen Karboden. Links zur Moräne hinauf und über sie, später über Blockhänge (Schnee) in die Schönbichlerscharte. Kurz über Blockwerk zum Gipfel (Versicherungen). $2^1/_2$ Std.

Abstieg durch den Zemmgrund. Von der Scharte durch die steile, aber versicherte Flanke auf den ausgeprägten Schönbichlergrat, dem man lange Zeit folgt. Dann nach rechts ins Garberkar und hinüber auf die Waxeck-Moräne. Über sie hinab bis in den Talboden bei der Alpenrosenhütte (die Berliner Hütte bleibt rechts liegen). Auf bequemem Weg talaus zum Breitlahner. Ca. $3^1/_2$ Std.

Kleiner Kaserer, 3093 m

Ein einsamer Berg, der Trittsicherheit erfordert

Aufstieg-Std.	Gipfelaufbau	Abstieg
$2^3/_4$	Schutt- und Schrofengrat	über die Frauenwand

Es kommt so viel auf die innere Einstellung an! „Kleiner Kaserer – so ein unbekannter Name! Und wie, ich soll meinen Weg teilweise selber suchen und mich mit steilem Schieferschutt herumplagen. Nein, danke." So, mit herabgelassenem Visier, ist der Mißerfolg schon vorprogrammiert, ist man gar nicht mehr frei und offen, den echten Reiz dieser etwas aus dem Rahmen fallenden Bergfahrt zu spüren. Schutt für sich alleine mag etwas Tristes sein, als Gegensatz jedoch zu verträumten Wiesenmulden und blumenbestickten Rasenhängen fördert er ein tiefes und schönes Erleben. Diese Gegensätze sind der eigentliche Zauber der Kaserertour. Die kleinen Steige und der relativ steile Gipfelaufbau sorgen für Einsamkeit. An der Frauenwand jedoch und im Bereich des Tuxerjochs taucht man dann wieder unter im Trubel eines beliebten Ausflugszieles. Auch der Stolz über das Erreichte gehört zu dieser Tour. Der Gipfelgrat verlangt zwar keine Kletterei, er ist auch nicht wirklich ausgesetzt, und doch fühlt man sich hier wie auf einem – breiten – Dachfirst. Im Osten fließt fast senkrecht unter einem das Gefrorene-Wand-Kees (der Hauptgletscher des Gebietes) vorbei, schein-

Blick vom Furtschaglhaus über die oberen Böden des gleichnamigen Keeses auf den Hochfeiler, den höchsten Gipfel der Zillertaler Alpen. Die Nordwand ist gut 400 m hoch. Links der Hohe Weißzint.

Vom Großen Burgstall (Kalkkögel) aus präsentiert sich der Habicht als abgerundetes, aber alles überragendes Massiv. Links der tiefsten Scharte die Zacken der Elferspitze, hinten die Tribulaune.

bar nur einen Steinwurf entfernt, und doch 200 m tiefer; nach Westen aber ist der Blick völlig frei bis hinüber in die Stubaier Alpen.

Ausgangspunkt ist die Bergbahnstation über der Sommerbergalm (2010 m). Im Tal liegt Hintertux (1493 m), das sich, eine Folge des Sommerskigebietes, zu einem Hotel-Dorf ausgewachsen hat.

Der Aufstieg. Von der Bahn auf einem guten Steig, sich etwas links haltend, über die Hänge hinauf, bis man nach 20 Min. auf einen querlaufenden Weg trifft. Nach links an die Geländekante. Hier nun auf dem oberen, kleineren Weg durch die sehr steilen Grashänge schräg aufwärts in einen grünen Talboden und in der gleichen Richtung weiter (nur Pfadspuren) über sanfte Böden zum tiefsten Einschnitt im Hauptkamm (Kasererschartl, 2446 m, hier querlaufender Weg). Im Schartl setzen die Gipfelhänge des Kaserers an. Auf den deutlichen Spuren im Schiefergeröll erst etwas rechts, dann gerade – steil – auf den Gipfelgrat und über ihn (Trittsicherheit notwendig) zum höchsten Punkt.

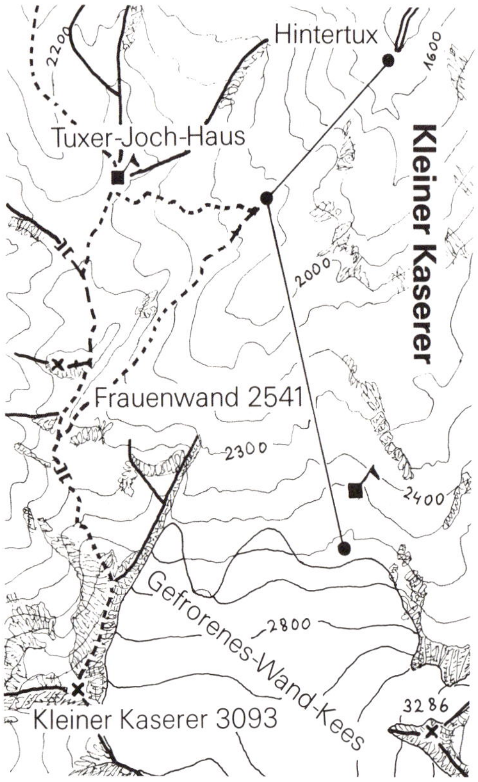

Über die Frauenwand zum Tuxerjoch. Zurück ins Schartl und auf dem Weg nach Norden quer durch die Steilhänge und um eine sehr steile Kante auf die Nordostseite der **Frauenwand** (2541 m). Problemlos auf diesen kleinen Gipfel. Über die weiten Hänge zum Tuxer-Joch-Haus (2313 m, ÖTK, bewirtschaftet) und entweder zurück zur Bergbahn oder durchs Weitental und am Schleierfall vorbei nach Hintertux (ca. 3 Std.).

Habicht, 3277 m

Versicherter Steig auf einen gewaltigen Felsgipfel

Aufstieg-Std.	Gipfelaufbau	Abstieg
$2^1/_2 + 2^3/_4$	langer Ostgrat	gleiche Route

Wenn ein Gipfel seine Umgebung gewaltig überragt, wenn er in alle Richtungen mit Wänden und felsigen Flanken bis zu 1000 m tief in die Täler abbricht und sich zudem noch mit ein paar Firnpolstern und Hängegletschern dekoriert, dann muß er ja zwangsläufig von allen Seiten ins Auge fallen. Der Habicht gehört zu diesem Typ von Bergen, er ist so auffallend, so berühmt, daß ihn im weiten Innsbrucker Land sogar jedes Kind kennt. Er lockte auch als erster von allen großen Stubaigipfeln die Alpinisten an, wurde bereits im Jahre 1836 erstürmt. Denkt man zudem an den kurzweiligen Aufstieg oberhalb der Innsbrucker Hütte, den Grat, die gutversicherten Felsstufen, den Minigletscher, der wie ein Federbett ganz hoch oben an den Grat geschmiegt ist, berücksichtigt man den großartigen Rundblick – selbst die Kalkzinnen der Dolomiten gehören zum Panorama –, dann kann es gar nicht anders sein: dieser Gipfel zieht viele, viele Bergsteiger an.

Wer es sich leisten kann, kommt deshalb nicht am Wochenende hierher, er bevorzugt die stillere Zeit unter der Woche. Denn gerade bei dieser Tour wäre es schade, sich durch andere Menschen antreiben zu lassen. Es gibt so viele Stellen zum Schauen und auch zum Träumen.

Das beginnt schon unten im Pinnistal mit seiner zweigesichtigen Bergkulisse, den hellgrauen, zerborstenen Kalkfelsen auf der linken Seite, den dunklen Gneisbergen rechts – zusammen mit dem grünen Talboden, den letzten Lärchen gibt das ein aufregend-interessantes Bild. Man kann sich auch oben am Grat zwischen die warmen Steine lümmeln, unter sich – 2000 m tiefer! – das Gschnitztal, gegenüber den so verblüffend spitzen Felsbau des Pflerscher Tribulauns (3096 m), flankiert vom Langkofel und vom Rosengarten...

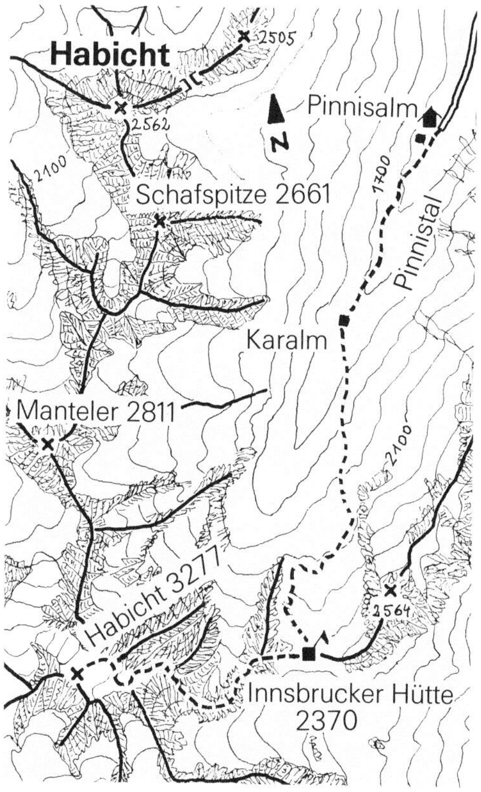

Ausgangspunkt ist die Pinnisalm (1550 m) im gleichnamigen Tal, einem Nebenast des Stubaitales. Dorthin von Neder bei Neustift mit Kleinbus (zu Fuß 2 Std.).

Zur Innsbrucker Hütte. Auf breitem Weg talein zur Karalm, dann auf gutem Steig an den linksseitigen Hängen aufwärts in die Alfagrube und empor ins Pinnisjoch mit der Hütte (2370 m, ÖAV, bewirtschaftet, $2^1/_2$ Std.).

Aufstieg zum Gipfel. Nach Westen über den ausgeprägten Grat zur Schulter am Fuß des Steilaufschwunges. Im Zickzack durch die Felsen (Drahtseile) rasch empor auf den gipfelnahen Minigletscher. Über ihn nach rechts auf die Gipfelschulter und zum höchsten Punkt. $2^3/_4$ Std.

Rinnenspitze, 3003 m

Das einfachste Ziel über der Franz-Senn-Hütte

Aufstieg-Std.	Gipfelaufbau	Abstieg
$1^1/_4 + 2^3/_4$	Schrofenflanke	gleiche Route

Macht man die Rinnenspitze als Tagestour – das läßt sich ja bequem schaffen –, dann wird man jene Steigerung besonders eindrucksvoll erleben, die eine ganz wesentliche Eigenart des Bergsteigens ausmacht. Unten, beim Start im Oberbergtal, sehen wir nicht viel mehr als äußerst steile, felsdurchsetzte und von Buschwerk überwucherte Hänge, alles ist eng und gibt uns ein wenig das Gefühl von Eingesperrtsein. Beim Weg hinauf zur Franz-Senn-Hütte, sobald uns nach der Geländekante die ersten Gipfel begrüßen, beginnt eine Ahnung von Weite und Freiheit. Und je mehr wir schließlich der Tiefe des Tales entsteigen, auf gleiche Höhe rücken mit den großen Fels- und Eisbergen rundum, desto mehr spüren wir jene erhabene Ruhe, die es wohl nur in jenen weiten Landschaften gibt, wo ausschließlich die Natur herrscht und nicht die Menschen, im Hochgebirge, in der Wüste, am Meer. Wahrscheinlich kennen diese Stimmung nur jene, die dort schon einmal alleine und mit offenen Sinnen unterwegs waren. Die Rinnenspitze ist das Ideal eines kleinen Wege-Dreitausenders, ein bescheidener Gipfel zwischen den Mächtigen der Alpeiner Berge, wie der Ruderhofspitze (3473 m), dem Schrandele, dem Lisenser Fernerkogel, aber doch ein feiner Aussichtsberg unmittelbar über dem mächtigen Linsenser Ferner. Dank des guten Steiges macht der Aufstieg wenig Mühe, nur in der steilen Gipfelflanke müssen wir kurzzeitig über Schrofen und Blöcke turnen. Und ein besonderes Kleinod ist der teils von Matten, teils von Blockwerk eingefaßte Rinnensee, in dessen langgestreckter Wasserfläche sich die so eindrucksvollen Steilgletscher der Östlichen Seespitze spiegeln. So recht ein Platz zum Faulenzen! Nur ein paar Minuten ist er von unserem Weg entfernt.

Blick über den Rinnensee auf die beiden Kräulspitzen (links) und auf die Östliche und Westliche Seespitze (3416 m).

Ausgangspunkt ist die Oberißhütte (1742 m) im Oberbergtal, einem Nebenast des Stubaitales. Zufahrt auf schmaler Bergstraße von Milders bei Neustift.

Zur Franz-Senn-Hütte. Rechts von dem Bach zwischen Buschwerk auf breitem Weg über die Steilstufe, dann in freiem Gelände flach talein zur Hütte (2149 m, ÖAV, bewirtschaftet, $1\frac{1}{4}$ Std.).

Die Gipfelroute. Gleich bei der Hütte über den Alpeinerbach und etwas nach rechts zur Wegverzweigung. Links im steilen Gelände rasch aufwärts auf den ersten, noch begrünten Boden. Im Blockwerk weiter zur nächsten Verzweigung. Nach rechts an den Rand der Unteren Rinnengrube und steil gerade über die Schrofenflanke auf den Gipfel.

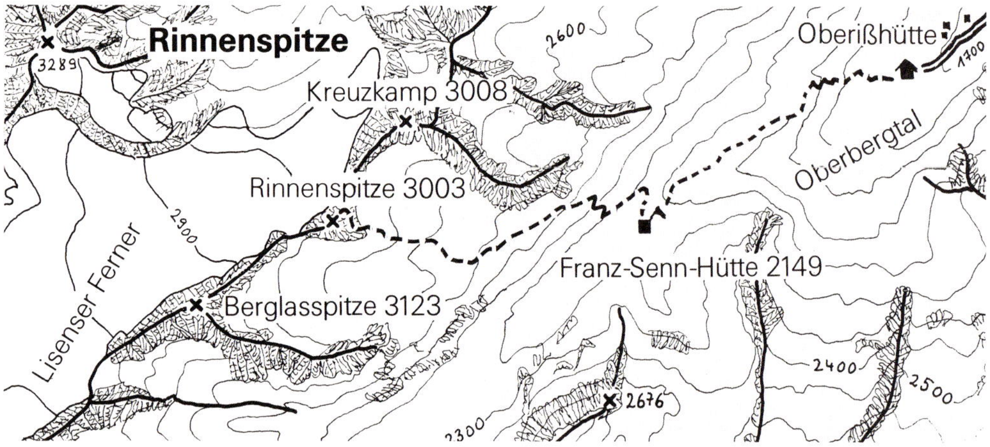

Östliche Knotenspitze (Südgipfel), 3082 m

Stille Bergfahrt zu einem wenig bekannten Ziel

Aufstieg-Std.	Gipfelaufbau	Abstieg
$2\frac{3}{4} + 2\frac{1}{2}$	südseitige Schrofen	gleiche Route

Wer Trubel schätzt, Aufregendes, berühmte Namen, dem möchte man von der Knotenspitze abraten. Denn das ist – trotz des Weges – ganz ausgesprochen eine Bergfahrt für die Stillen, die Beschaulichen, für jene, die noch ein paar Stunden mit sich alleine und den Bergen rundum auskommen können und damit zufrieden sind. Das Hochmoostal, in dem die Hütte liegt und in dessen nördlichem Begrenzungskamm unser Gipfel aufragt, strahlt etwas Intimes aus, ist eine in sich geschlossene Welt, wenn auch durch das nach Osten offene Tal der Habicht hereinschaut. Wenn noch Zeit bleibt am ersten Tag (und Kraft, nachdem man die vielen Serpentinen aus dem Stubaital heraufgepilgert ist), dann wird man am Nachmittag durch das Hochmoos talein wandern – stets die Ruderhofspitze (3473 m) mit ihrer Eisflanke vor Augen –, hinein zum eigenartigen Falbesonersee (2577 m, 1 Std.), den die Moräne aufgestaut hat, und aus dessen Wasser nach Norden ganz unvermittelt die Felswände aufsteigen. Er schmiegt sich so richtig an den Berg, als suche er dort Schutz.

Beim Aufstieg am nächsten Morgen wird dann jedoch der Blick rasch freier, wenn man durch das steile Kar dem Gipfel zustrebt. Ziehen am Anfang vor allem die mächtigen Felsberge drüben im Habichtkamm die Blicke auf sich, so tauchen nach einer guten Stunde allmählich die Eisgipfel des Hochstubais auf, zuerst die Feuersteine, dann der Wilde Freiger, das Zuckerhütl (3505 m)... Denn gegenüber sinkt die südliche Begrenzung des Hochmoostales, der Pfandlkamm, immer tiefer hinab. Schließlich können wir ungehindert über ihn hinwegschauen, und von der Hütte unten wirkte er soo mächtig. Oben dann am blockigen Gipfel ist die Sicht sowieso frei wie von allen Dreitausendern. Nur im Norden wird ein kleines Eckchen aus dem Panorama geschnitten. Der Hauptgipfel unseres Berges ist nämlich noch 18 m höher. Wer dort hinüber will, muß fest zupakken können, es verstehen über die Blökke und Köpfchen zu turnen. Der Unkundige läßt's lieber sein – was liegt schon an diesen paar Metern?!

Die Regensburger Hütte im Hochmoostal. Hinten der Habicht und die Große Glättespitze.

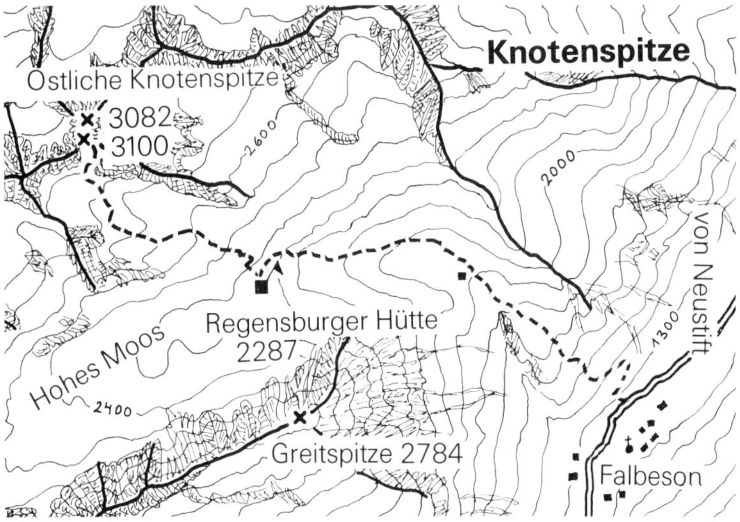

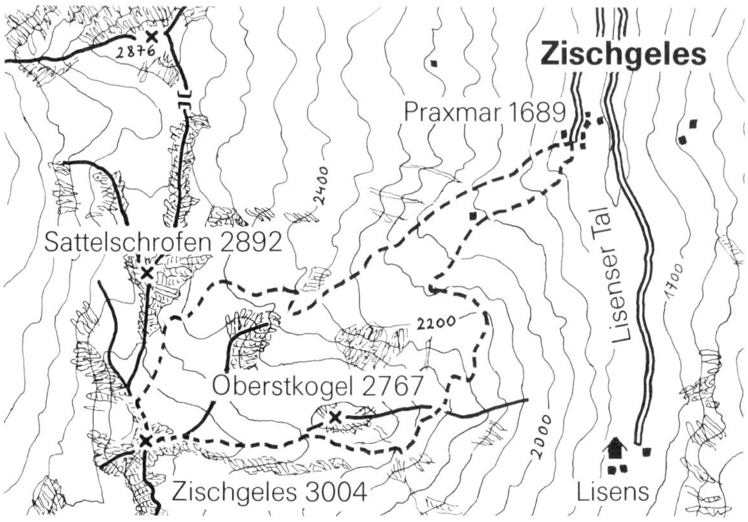

Ausgangspunkt ist die Straßenbrücke (1212 m) kurz vor Falbeson im inneren Stubaital. Zufahrt 4½ km vom bekannten Ferienort Neustift.

Aufstieg zur Regensburger Hütte. In zahlreichen Serpentinen durch den sehr steilen Bergwald auf gutem Steig empor auf eine Schulter. Dann flach hinein ins Falbesontal mit der Falbesoner Ochsenalm. Immer rechts des Baches bleibend auf eine Talstufe, auf der – schon lange sichtbar – die Hütte liegt (2287 m, DAV, bewirtschaftet, 2¾ Std.).

Die Route zum Gipfel. Von der Hütte nach Norden zur nahen Wegverzweigung. Geradeaus weiter über die Grashänge aufwärts ins Jedlasgrübl. Im linken Teil des Kares weiter, zunehmend über Geröll und Blockwerk auf eine Rippe. Dann mehr nach rechts über Blockwerk und Schneeflecken an die steile, schrofige Gipfelflanke heran. Ziemlich direkt in kleinen Serpentinen zum Südgipfel.

Zischgeles, 3004 m

Lange Tour in teilweise steilem Gelände

Aufstieg-Std.	Gipfelaufbau	Abstieg
3¾	schrofige Grate	durch das Sattelloch

Zischgeles – das ist klassisches Land der Tiroler Bergsteiger und Skitourenfreunde, der „schnelle Dreitausender" vor den Toren Innsbrucks. Seit dem Bau der Autobahnen schätzen ihn allerdings auch die Münchner als Tagestour. Zischgeles – das ist ein Berg der raschen Entschlüsse, etwa nach dem Motto: „So ein schöner Abend heute! Machen wir morgen doch eine Tour." An einem klaren Oktobertag bereitet diese Fahrt den meisten Spaß. Keinen stört dann die Sonne in den ostseitigen Hängen. Dort trifft man auf echtes Steilgelände mit jähen Graspleisen – gut, daß das kleine Steigerl ordentlich angelegt ist! Bald hat man dann einen herrlichen freien Blick auf die „Wilden" des Lisenser Tales, die dunkle Villerspitze und den Lisenser Fernerkogel (3299 m) mit seiner Felsflanke von 1300 m Höhe. Gleichsam zur Erholung folgt später ein breiter Rücken mit weiten Grasmulden zum Brotzeiten, zum Ausruhen, zum Mittagsschläfchen. Mit neugetankten Kräften packt man dann den letzten, steilen Grat mit seinem Schutt und den Platten an. Der Geschickte wird mühelos hinaufturnen, andere brauchen manchmal den Vierfüßlergang. Am Gipfel dann die große Überraschung: da steht genau vis-à-vis, ganz nahe, ein wirklich markanter Berg mit einer formenschönen, dreieckigen Eiswand, von dessen Vorhandensein man keine Ahnung hatte. Das ist die Vordere Grubenwand (3165 m). Die Berge sind eben doch noch nicht so „ausverkauft", wie immer lamentiert wird. Gipfelrast, ein Abstieg durchs Sattelloch (um den Tag abzurunden) und schließlich ein Abschiedstrunk für das laufende Bergjahr unten in Praxmar, so lauten die weiteren Programmpunkte.

Ausgangspunkt. Die Tour beginnt am Südende des Dorfes Praxmar im Lisenser Tal (1689 m). Zufahrt von Gries im Sellrain auf guter Bergstraße, 6 km.

Aufstieg über den Ostrücken. Südlich des Ortes über den Bach, dann hinauf zur Schefalm und noch 30 Min. in der gleichen Richtung weiter. Dann nach links auf den Rücken hinaus und in der Folge in dessen steiler Ost- und Südflanke auf einem kleinen, teilweise etwas ausgesetzten Steig auf den Ostrücken. In dem weiträumigen Gelände an den Gipfelaufbau heran und direkt ziemlich steil über Gras, Schutt, Platten und Schrofen zum Gipfelkreuz.

Abstieg durchs Sattelloch. Kurz über den steinigen Nordgrat abwärts, dann rechts ins Kar, Sattelloch genannt, und über Schutt und Gras tiefer. Unterhalb der auffallenden Kampelschröfen scharf nach rechts ins Haupttal und immer links des Baches zurück nach Praxmar.

Sulzkogel, 3016 m

Gemütliche Tour zum Kühtaier Hauptgipfel

Aufstieg-Std.	Gipfelaufbau	Abstieg
2¾	Blockwerk und Schnee	gleiche Route

Erstaunlich schroffe und spitze Felsgipfel ragen südlich von Kühtai auf, die im Frühsommer – recht fotogen – mit Schneerinnen und weißen Karen verziert sind. Unumschränkter Häuptling aber unter den Kühtaier Bergen ist der Sulzkogel, ein dunkler Felshut mit einem verblüffend gezackten Nordgrat, als hätte daran ein Riese seine Axt versucht. Doch gerade er läßt sich – verhältnismäßig – leicht besteigen, zieht doch von Südosten das Gamezkogelkar hoch gegen den Gipfel empor und bietet einen

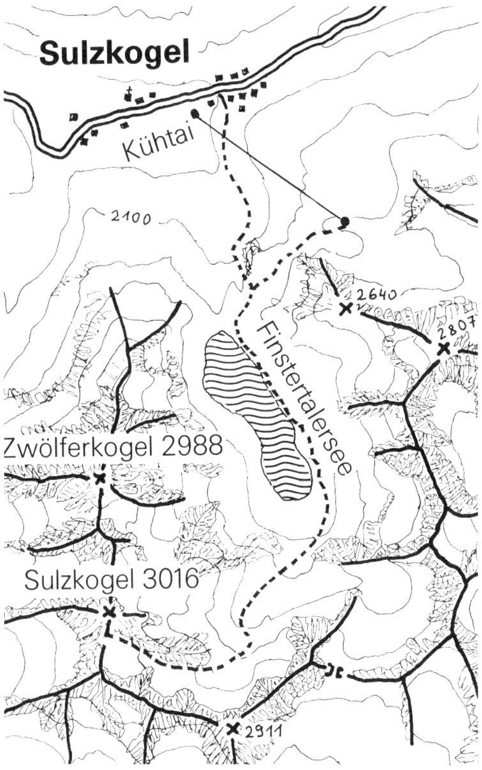

unkomplizierten, von unten jedoch völlig versteckten Zugang. Die Landschaft oberhalb des Schaflegers besteht – scheinbar – nur aus Felsabsätzen und Schrofen mit Block- und Schneefeldern dazwischen, alles steil und etwas unwirtlich. Doch ist man über die folgende Stufe hinaufgestiegen, so steht man erstaunt am Beginn eines schmalen Kares mit einem nur sanft steigenden Boden. Zwar gebärdet sich im Süden das Gelände recht hochalpin, der Minigletscher, der sich noch im Schatten der Wände halten konnte, steilt gegen den dunklen Zackenkamm auf, bildet kleine Schneewände und Eisrinnen. Man selbst aber wandert ganz gemütlich nach Westen, je nach den Verhältnissen über Schnee oder Schutt, und klimmt schließlich wesentlich steiler auf Geröll und Blockwerk – ohne Hilfe der Hände – zum Gipfel empor.

Hotels, Lifte, Stauanlagen – zwischen Kühtai und dem Finstertalersee ist nicht viel der unberührten Landschaft geblieben. Wir empfehlen deshalb: Fahren Sie mit dem Plenderleslift und queren Sie von oben ins Finstertal. Gehen Sie zügig, bis im südlichen Bereich des Sees die Landschaft allmählich wieder ursprünglich wird. Jetzt können Sie sich Zeit lassen, können schauen und weiterbummeln, denn bei dieser kurzen Fahrt braucht sich wahrlich niemand zu hetzen.

Ausgangspunkt ist der obere Teil des Ortes Kühtai (2017 m), jener fast reinen Hotelsiedlung westlich knapp unterhalb des Kühtaier Sattels. Gute, teilweise etwas steile Zufahrtsstraßen von Kematen im Inntal durchs Sellrain und von Ötz im gleichnamigen Tal.

Die Route. Von der Bergstation des Liftes (2311 m) Querung zum Finstertalersee. Am Ufer entlang und in das dahinterliegende Kar (Schafleger). Bei der Verzweigung rechts im Geröll und Blockwerk weiter. Über eine kurze Stufe zur breiten Mulde des Gamezkogelferners. Rechts an diesem harmlosen Firnfeld entlang und über einen kurzen Block-(Schnee-)hang steiler auf den Grat südlich des Gipfels. Im wackeligen Blockwerk ohne Schwierigkeiten zum höchsten Punkt.

Zum Schönen und Typischen der Landschaft um Kühtai gehören die zahlreichen Bergseen. Auf dem Foto der Plenderlessee, der etwas hinter der Bergstation des gleichnamigen Lifts liegt.

Schrankogel, 3496 m

Hochtour auf den mächtigsten Stubaiberg

Aufstieg-Std.	Gipfelaufbau	Abstieg
$2^1/_4 + 4^1/_2$	Südgrat	gleiche Route

Haben Sie auf die Höhe unseres Berges geachtet? Fast 3500 m! Ist Ihnen bewußt, daß diese Tour kein gemütlicher Bergspaziergang sein kann, daß sie auch bei guten Verhältnissen und schönem Wetter eine ernste Angelegenheit bleibt? Es braucht bloß ein kräftiger Wind zu blasen, und schon ist's bitterkalt in diesen Höhen. Drei Voraussetzungen müssen für eine Schrankogel-Tour zusammentreffen: Kondition und Bergerfahrung, ein klarer, sturmfreier Tag und ein aperer Gipfelgrat. Trägt nämlich der oberste Südwestgrat noch Schneeschilder, verkleistert der Altschnee noch Rinnen und Absätze, dann wachsen die Schwierigkeiten enorm, und nur der erfahrene, mit Pickel und Steigeisen ausgerüstete Bergsteiger hat dann noch eine Chance. Nein, den Schrankogel sollte niemand unterschätzen!

Unser Gipfel ist zwar nur der zweithöchste Berg der Stubaier Alpen, das Zuckerhütl überragt ihn um – ganze – neun Meter, wohl aber der mächtigste, der imposanteste, der auffallendste. Seine Nordwestwand stürzt 900 m in die Tiefe, nach Westen schiebt er ein Felsbollwerk von 1200 m Mächtigkeit vor, im Nordosten glänzt eine makellose Eiswand und von Osten imponiert er durch einen auffallend schmalen Firngrat. Nur

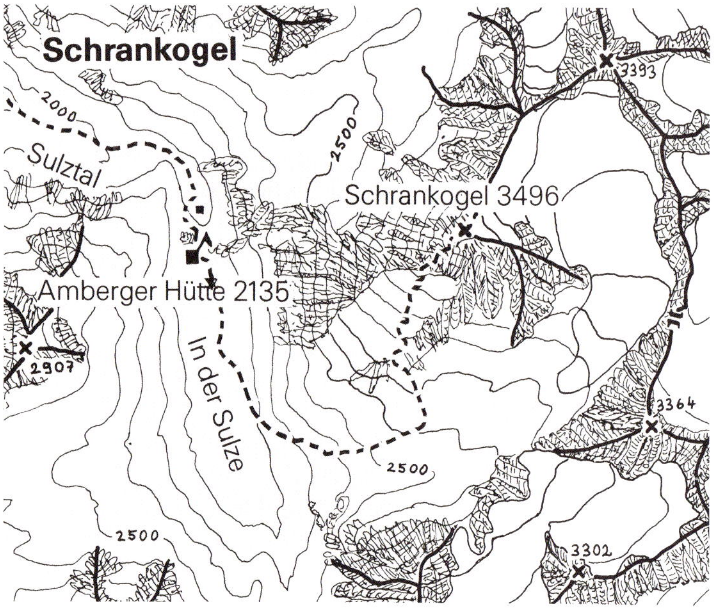

Schrankogel von Westen. Wer von Gries im Sulztal zur Amberger Hütte emporsteigt, der hat ständig die mächtige Westflanke dieses Gipfels vor sich, ja, er läuft stets genau auf sie zu, liegt der Stützpunkt doch am Fuß dieses Berges. Die Flanke wirkt auf dem Foto – durch die Aufwärtsperspektive – zu flach. Rechts im Profil der Südwestrücken, über den der Aufstieg erfolgt.

in der Südwestflanke reicht der Schutt hoch hinauf, geht nicht in glatte Wände, sondern in eine blockige Flanke über. Offensichtlich wollte ein gütiges Geschick auch den „Mittelstandsbergsteigern" eine Möglichkeit lassen. Der Alpenverein hat dann noch kräftig nachgeholfen, hat ein hochalpines Steiglein angelegt und die Route markiert. Bei dieser Tour kann man zudem einen Vorgeschmack für die Besteigung eines Vulkanes gewinnen: etwa auf 500 Höhenmetern ziehen die schuttreichen Hänge immer in gleicher Neigung empor. Erst dann wird das Gelände felsiger, prägt sich ein Grat aus, der schließlich zum Gipfelkreuz auf dieser ungewöhnlichen Aussichtswarte leitet, auf das höchste und wohl auch stolzeste Ziel dieser Art in ganz Österreich.

Ausgangspunkt ist das Feriendorf Gries (1572 m) im Sulztal, einem Nebenast des Ötztales. Abzweigung der kleinen, aber ordentlichen Straße in Längenfeld.

Zur Amberger Hütte. Auf bequemem Sträßchen durch das Sulztal hinein zur Hütte (2135 m, DAV, bewirtschaftet, $2^1/_4$ Std. von Gries).

Die Gipfelroute. Von der Hütte flach nach Süden, dann an den linksseitigen Hängen schräg aufwärts ins Schwarzenbergtal. Über Gras zur Moräne.

Hier Wegverzweigung. Links empor über einen hohen Gras-, Schutt- und Blockhang zum Gipfelaufbau. Längs des im oberen Teil schärfer ausgeprägten Südwestgrates auf den höchsten Punkt (bei Schnee gefährlich).

Hochreichkopf, 3010 m

Der Berg mit dem spannenden, versicherten Abstiegsweg

Aufstieg-Std.	Gipfelaufbau	Abstieg
2 + 2¾	kurzer Blockhang	über die Westflanke

Ost- und Westseite des Hochreichkopfes bieten zwei vollkommen unterschiedliche Routen. Der Zugang von der Guben-Schweinfurter-Hütte führt durch das relativ kurze Finstertal, verläuft über Almmatten und die typischen, hochalpinen Karböden. Allenfalls die kurze Stufe unter der Hochreichscharte kann – bei Schnee – für etwas Aufregung sorgen. Ganz anders der zweite Gipfelweg! Er quert die felsige Westflanke des Hochreichkopfes und ist ein Weg voll Überraschungen. Immer wieder türmen sich scheinbar unüberwindliche Hindernisse auf, stehen zackige Felsrippen im Weg oder tief eingerissene Rinnen. Doch der Steig windet sich mit einigem Auf und Ab geschickt hindurch, und die steilsten Stellen sind mit Drahtseilen entschärft. Das Ganze ist nicht allzu gefährlich, solange kein Altschnee in den Rinnen liegt. Man sollte sich darüber unbedingt vorher in der Hütte erkundigen! Der weitere Abstieg von der Niederreichscharte führt dann rasch hinab in eine sanftere, bald wieder grüne Landschaft. Die Wanderung durchs Längental hinaus nach Kühtai ist ein besinnlicher Ausklang zum etwas dramatischen Gipfelabstieg. Auf der gesamten Hochreichkopf-Tour trifft man zudem nur selten auf einen Menschen.
Wer jedoch noch etwas Grandioses erleben will (und noch stark ist), den lockt der Höhenweg von der Niederreichscharte hinüber zur Bielefelder Hütte (mindestens 4 Std.), ein Gang quer durch die Tausendmeterflanke des Acherkogels, 1500 m über dem Ötztal und mit dem schroffen Geigenkamm als ständigem Gegenüber.

Ausgangspunkt ist das Bergdorf Niederthai (1538 m), das man auf guter Straße von Umhausen im Ötztal erreicht.
Aufstieg zur Guben-Schweinfurter-Hütte. Im Horlachtal erst auf einer Straße, dann auf einem breiten Weg bequem talein zur Hütte (2028 m, DAV, bewirtschaftet, 2 Std.).
Ostanstieg zum Gipfel. Gleich nördlich der Hütte ist eine Wegverzweigung.

Dieses Foto aus dem Stubai soll daran erinnern, daß es in den Zentralalpen zu allen Jahreszeiten Schneefälle, die bis ins Tal hinabreichen, geben kann. Dadurch werden die Touren schwieriger und manchmal gefährlich.

Links durch die Hänge hinüber ins Finstertal und stets nördlich des Baches erst über Gras, später über Blockwerk und Schnee in das hinterste Steinkar. An den Gletscherresten nördlich entlang, dann steil in die Hochreichscharte (evtl. Schneehang). Über einen Blockhang zum Gipfel.

Westabstieg nach Kühtai. Von der Hochreichscharte durch die Westflanke des Hochreichkopfes zu seinem Nordwestgrat (Versicherungen) und in die Niederreichscharte. Nach Norden auf den ersten Boden hinab (evtl. Schnee) und in einem links ausholenden Bogen ins Längental. Auf einem kleinen Steig talaus zum Stausee und nach Kühtai.

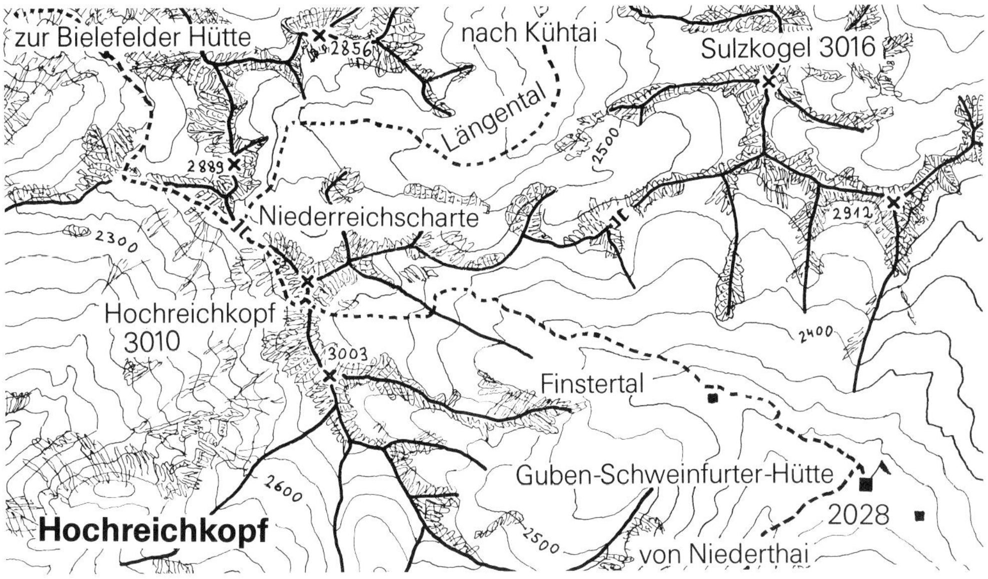

Wildkarspitze, 3173 m, Hoher Nebelkogel, 3211 m

Die höchstgelegene Gipfelhütte Österreichs

Aufstieg-Std.	Gipfelaufbau	Abstieg
5	südseitige Schrofen	gleiche Route

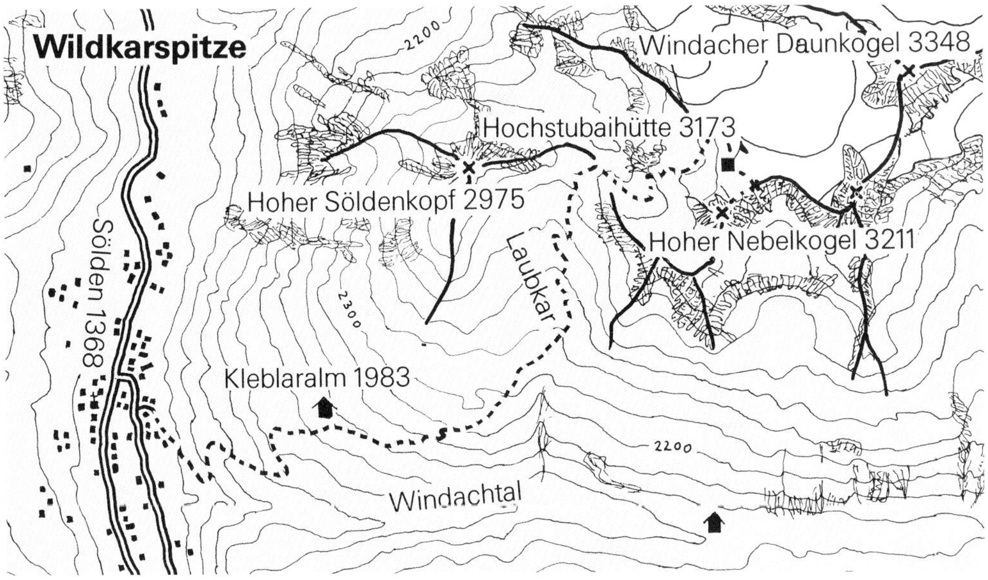

Bei dem Wort Wildkarspitze wird den meisten wohl nur jener anspruchsvolle Frühjahrsskiberg über dem Gerlospaß in den Zillertaler Alpen einfallen. Im Vergleich zu ihm ist die Stubaier Wildkarspitze ein bescheidener Kopf, obwohl sie um 97 m höher emporragt. Ja, niemand würde von ihr Notiz nehmen, wenn man nicht gerade diesen Gipfel mit einer Hütte gekrönt hätte. Jawohl, Sie haben richtig gelesen – auf diesem 3173 m hohen Berg steht eine richtige Alpenvereinshütte, schön massiv aus Stein erbaut, voll bewirtschaftet und mit etwa fünfzig Plätzen zum Übernachten ausgestattet, der höchste Stützpunkt der Stubaier Alpen, der dritthöchste von ganz Österreich. Und eigenartigerweise kennen nur relativ wenige diese Superlativ-Hütte. Zugegeben, der Weg dort hinauf ist weit – 1770 Höhenmeter. Aber man hat ja den ganzen Tag Zeit, kann immer wieder Rasten einlegen, die von Stufe zu Stufe weitreichendere Aussicht genießen, bei der die Ötztaler Wildspitze (3772 m) dominiert. Vor allem der Laubkarsee – selbst schon 2681 m hoch – verleitet zu längerem Bleiben. Dann oben, von der Hütte aus, die einen völlig freien Blick nach Westen hat, wird man in aller Ruhe zuschauen, wie die Sonne hinter den Gipfeln des Geigenkammes verschwindet. Wann hat der „Normalmensch" schon Gelegenheit, den Sonnenuntergang von so hoher Warte zu erleben!

Wie am Anfang schon angedeutet, die Wildkarspitze ist nur ein Nebengipfel, ein relativ bescheidener Kopf, ein Trabant des Hohen Nebelkogels (3211 m). Wie wäre es mit einem Vor-Frühstücks-Ausflug auf diesen Gipfel, der nur 15 Min. entfernt ist? Er verteidigt sich lediglich mit einem eher harmlosen Schneefeld und einem Blockgrat.

Ausgangspunkt ist Granbichl (1405 m), ein Ortsteil des bekannten Fremdenzentrums Sölden im mittleren Ötztal.

Die Route. Auf der ins Windachtal (Fiegl-Wirtshaus) führende Straße gut 15 Min. aufwärts, bis nach links der Fahrweg zur Kleblealm abzweigt. Auf ihm zu dieser Jausenstation. Bis hierher Wald. Noch zwischen einzelnen Bäumen am Hang entlang talein und allmählich nach Norden umbiegend über Matten ins Laubkar. Durch das teilweise von Blockfeldern gefüllte Kar empor, über eine kurze Stufe zum Laubkarsee. In der Folge meist über Geröll, Blöcke und Gletscherschliffe (Schnee) über mehrere Stufen und durch Mulden und schließlich in einem weiten Linksbogen zur Hütte (3173 m, DAV, bewirtschaftet) hinauf. Über einen Schneesattel und einen Blockgrat auf den Nebelkogel.

In den Ötztaler Alpen

Die Ötztaler Ache

Die Ötztaler Alpen sind ein relativ „ordentliches" Gebirge. Der Nordteil besteht aus drei sauber nebeneinander ausgerichteten Bergkämmen, die parallel zum Ötztal, Pitztal und Kaunertal verlaufen. Hier sind all die großen und dunklen Felsberge stationiert, die Gletscher verstecken sich in den Karmulden, fallen kaum ins Auge, obwohl die Gipfel bis über 3500 m aufsteigen. Im zentralen Teil der Ötztaler hingegen sind sie das alles beherrschende Element, sie bilden hier riesige, zusammenhängende Flächen, ja, man könnte von der Wildspitze zur Weißkugel wandern, ohne ein einziges Mal die Gletscher zu verlassen. In diesem Bereich gruppieren sich die Gipfel um die Täler von Vent und Gurgl. Alles, was Rang und Namen hat, läßt sich von diesen beiden Bergsteigermetropolen aus besteigen.

Unsere Dreitausender mit Weg sind recht unregelmäßig über das Gebiet verteilt. Da locken zum Beispiel drei große Felsberge im Geigenkamm, während man im Glockturmmassiv vergebens nach einem entsprechenden Ziel suchen wird. Und im Gebiet der Martin-Busch-Hütte können wir uns eine halbe Woche lang beschäftigen, doch viele ähnlich gelegene Hütten bieten ausschließlich anspruchsvolle Gletschertouren. Insgesamt jedoch sind unsere Berge so gut verstreut, daß man nach ein paar Tagen im Bereich des Ötztales und noch zwei, drei Touren aus dem Pitztal doch einen recht umfassenden Eindruck vom größten Berg- und Gletschergebiet Nordtirols gewinnt. Die ideale Ergänzung dazu bieten noch unsere Abstecher ins neu erschlossene Kaunertal und nach Nauders. Und keines der beschriebenen Ziele stellt besonders große Anforderungen an das Können. Das drückt sich auch darin aus, daß man kaum irgendwo auf Versicherungen trifft. Doch das sollte nicht zum Leichtsinn verführen. Immerhin überschreiten fünf Gipfel die 3200-m-Grenze, ja, die Kreuzspitze mit ihren 3457 m gehört sogar zu den ganz hohen und stolzen Zielen. Da muß man eben auf gute Verhältnisse warten, es sei denn, man gehört zu den Erfahrenen und kommt auch mit dem Schnee zurecht. Vor Langeweile braucht sich in den Ötztalern niemand zu fürchten. Die Unterschiede im Charakter von Bergen und Touren sind sehr groß. Die Spanne reicht vom Schwarzkogel mit seinem „Herdenauftrieb" bis zum völlig einsamen Wassertalkogel – krasse Gegensätze, obwohl diese beiden Berge nur 2,5 km Luftlinie voneinander entfernt sind.

Hangerer, 3021 m

Unschwieriger Schieferberg mit schöner Aussicht

Aufstieg-Std.	Gipfelaufbau	Abstieg
3	nordwestseitige Hänge	Abstecher zur Ache

Durch zweierlei kann sich ein Ziel die Prädikate „interessant und lohnend" erwerben. Entweder bietet der Berg selbst viel Schönes und Spannendes, oder es ist der Ausblick, der einen besonders fesselt. Beim Hangerer trifft eindeutig das letztere zu. Diese nahezu schwarze Fels-und Schieferpyramide ist ein unauffälliger Berg, eine Art felsiger Vorposten des vergletscherten Seelenkogelmassivs. Zwar bietet auch der Weg dort hinauf einige Abwechslung und ein paar besonders hübsche Stellen (wie den unte-

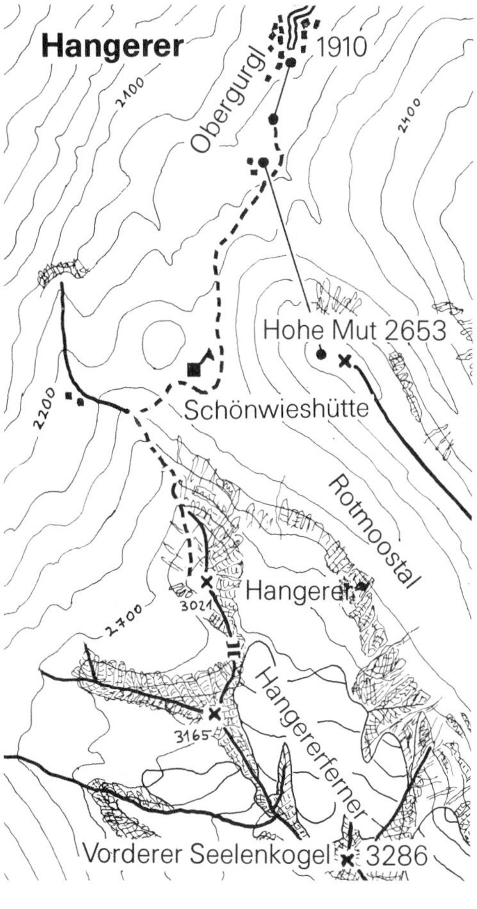

ren Teil des Nordwestrückens mit den rundgeschliffenen Felsen, kleinen Grasmulden und zahllosen Blumen – richtige Brotzeit-Idyllen), doch das wirklich Reizvolle der Tour ist der Blick auf die Berge rundum. Dabei gibt es zwei Elemente, die Überraschung und die Steigerung. Biegt man, von Rumsoppen kommend, ins Rotmoostal ein, so steht man von einem Schritt zum anderen vor einer gewaltigen Hochgebirgskulisse. Den Talgrund füllt der zerklüftete Rotmoosferner, darüber ragt eine Reihe scharfgeschnittener, eisverzierter Felshörner auf. Beim Weiterweg dann über den Nordwestgrat des Hangerers und die oberen Schieferhänge erlebt man mit, wie gegenüber die Gipfel des Ramolkammes immer mächtiger aufragen, immer mehr Gestalt und Charakter annehmen, je höher man selber kommt. Diese wuchtigen Fels- und Eisberge steigen immerhin bis zu einer Höhe von 3550 m (Großer Ramolkogel) auf. Der Hangerer liegt so zentral, daß vom Gipfel nahezu alle Berge des weiten Gurgler Tales rund um einen zu sehen sind, und das aus einer idealen Höhe, die die einzelnen Gestalten besonders gut zur Geltung kommen läßt.
Beim Rückweg nach Obergurgl sollte man auf keinen Fall den Abstecher zur Gurgler Ache versäumen. Man berührt dabei besonders malerische Platzerl, rundgeschliffene, mit Zirben bestandene Kuppen, einen wildschäumenden Bach in tiefer Klamm...

Ausgangspunkt. Von der Hotelsiedlung Obergurgl (1910 m), dem höchsten Kirchdorf Tirols, mit einem kurzen Sessellift nach Rumsoppen (2060 m).
Die Route. Vom Lift auf breitem Weg nach Süden und über den klammartig eingeschnittenen Geißbergbach. Meist nur wenig steigend zur breiten Ausmündung des Rotmoostales und zur Jausenstation Schönwieshütte (2262 m). Abzweigung des Steiges zum Hangerer eine Minute oberhalb. Über eine kurze Stufe auf den breiten Nordwestkamm und über ihn weiter empor. In 2800 m Höhe durch die Schuttflanke (evtl. Schneerinnen) nach rechts und steil über rutschigen Schiefer zum Gipfel mit Kreuz und Buch.
Abstiegsvariante. Vor dem Geißbergbach links abzweigen und hinab bis vor die Gurgler Ache. An ihr entlang zurück nach Obergurgl.

Blick vom Aufstieg zum Hangerer ins Rotmoostal mit dem Gurgler Kirchenkogel (3282 m, links) und dem Heuflerkogel. Über dem Hauptkamm steht eine mächtige Föhnmauer; bei dieser Wetterlage kann in kürzester Zeit Nebel einfallen und Schneefall beginnen.

Kreuzspitze, 3457 m

Mächtiger Gipfel im Herzen der Ötztaler Alpen

Aufstieg-Std.	Gipfelaufbau	Abstieg
2³/₄	schiefriger Westgrat	gleiche Route

Wer das Hüttenleben einmal so recht auskosten will, dem sei die Martin-Busch-Hütte empfohlen. Dort gibt es nicht weniger als drei Gipfel mit Weg – etwas Besonderes bei einem so hoch gelegenen Stützpunkt. Davon ist die Kreuzspitze das höchste und auch das stolzeste Ziel. Nach Westen stürzt sie mit einer 400 m hohen Felswand ab, nach Nordosten verteidigt sie sich mit einem sehr steilen, zerschründeten Gletscher. Nur die Südostflanke ist hoch hinauf von Geröllfeldern überzogen, die bis weit ins Jahr von Schneeflecken durchsetzt sind. Diese Flanke nützt der angelegte Steig. Die Anforderungen bei dieser Tour können – wie bei den meisten Bergen dieser Höhe – recht unterschiedlich sein. Bei viel Schnee bildet der Zugang zur Ostschulter eine Art Schlüsselstelle. Im Winter laden nämlich die Nordweststürme an dieser Stelle den Triebschnee in besonderen Mengen ab, schaffen eine mächtige Wächte, so daß noch im Frühsommer hier eine Schneewand von ein paar Metern Höhe bestehen kann. Da wäre dann ein Eispickel eine ideale Hilfe. Ebenso kritisch schaut es aus, wenn der Grat von der Schulter zum Gipfel vereist ist. Zu schneefreien Zeiten jedoch stellt das alles keine Probleme dar. Dann reichen eine mittlere Kondition und eine gute Trittsicherheit.
Man könnte der Kreuzspitze den Titel „Gornergrat der Ötztaler Alpen" verleihen, so exakt liegt dieser Gipfel im Mittelpunkt. Alle Großen des Gebietes, etwa dreißig Gletscherberge, sind in einem Dreiviertelkreis aufgestellt, darunter die „Oberhäupter" Wildspitze, Weißkugel, Similaun, Hintere Schwärze. Nun den schon fast obligatorischen Tip für den Abstieg: Auf halber Berghöhe liegt etwas rechts des Weges der Samoarsee (2920 m hoch!), die richtige Stelle, um die Tour gemütlich ausklingen zu lassen.

Ausgangspunkt. Martin-Busch-Hütte (2501 m, DAV, bewirtschaftet) westlich über der Verzweigung des Niedertales gelegen. Zugang von Vent (1896 m, Bergsteigerzentrum des Innerötztales) auf der Jeepstraße in 2³/₄ Std.
Die Route. Direkt von der Hütte über die steilen Hänge nach Nordwesten empor zu Wiesenböden. Hier liegt links des Weges der Samoarsee. Weiter über die bald schuttbedeckten Böden, später wieder steiler auf dem immer ordentlichen, jedoch kleinen Steig in das oberste Kar (Schnee). Über einen rutschigen Steilhang auf die Ostschulter (evtl. steiler Schnee). Über eine kurze Schmalstelle des Grates, dann stets rechts der Kante im rutschigen Schieferschutt zu einem Vorgipfel und nach rechts zum höchsten Punkt. Trittsicherheit notwendig.

Die gemeinsame Skizze für Kreuzspitze, Marzellkamm und Seikogel finden Sie auf der Seite 54.

Linkes Foto:
Ein Blick von oben auf den Marzellferner mit seinen Spalten, Brüchen und Eiswänden.

Aufnahme der folgenden Doppelseite:
In 2920 m Höhe liegt in den Südhängen der Kreuzspitze der Samoarsee. Von dort schaut man über den Marzellkamm (rechts vorne) zum gleichnamigen Gletscher. Dahinter von links: Mutmalspitze, Hintere Schwärze, Marzellspitzen, Similaun.

Marzellkamm, 3149 m

„Gletscher-Lehrpfad" über dem Marzellferner

Aufstieg-Std.	Gipfelaufbau	Abstieg
2¹/₄	über Blöcke und Geröll	gleiche Route

Kein gewaltiger, freistehender Gipfel steht heute auf dem Programm, nur ein unauffälliger Kopf im kilometerlangen Nordkamm des Similauns. Und doch gibt es bei dieser Tour mehr zu schauen als bei manchem anderen, viel berühmteren Berg. Der Marzellkamm – den man nicht mit den Marzellspitzen (3555 m) verwechseln darf – begleitet als westliche Begrenzung einen der interessantesten Gletscher der Ötztaler Alpen, den Marzellferner. Man ist ständig etwa 300 m über dem Eisstrom unterwegs, ihm also stets so nahe, daß man alle Details wie bei einem Tiefflug bewundern kann. Und gerade dieser Gletscher bietet zahllose Einzelheiten, angefangen von den riesigen Moränen, dem Toteisfeld,

der langgestreckten Gletscherzunge über gewaltige Spaltenzonen und Gletscherbrüche bis hin zu den großen Eiswänden. Das ist geradezu ein glaziologisches Lehrbeispiel. Oben, vom Ziel aus, hat man dann als letzte Steigerung noch einen besonders eindrucksvollen Blick in das weite Gletscherbecken, das von einigen formschönen Bergen umrahmt wird. Unter ihnen ist die Hintere Schwärze (3628 m) der absolute Herrscher.

Bald nach dem Gipfel des Marzellkammes sinkt der Grat ein kurzes Stück in einen weiten Sattel ab und setzt sich dann als breiter, nach Osten jedoch in Wänden abbrechender Eisrücken fort, der zum Similaun (3606 m) hinaufzieht. Fast immer führt eine Spur über den weiterleitenden Kamm. Und schaut der Schnee auf diesem Rücken auch noch so sanft und harmlos aus, so darf man sich doch keinesfalls zum Weitergehen verleiten lassen. Nur mit der entsprechenden Ausrüstung und vor allem nur am Seil führt man derartige Touren durch. Verschneite Gletscherspalten sind eine der tückischsten Gefahren des Hochgebirges. Vom Marzellkamm gibt es für uns wirklich nur einen Rückweg: die Aufstiegsroute!

Ausgangspunkt ist die Martin-Busch-Hütte (2501 m), siehe Kreuzspitze.

Die Route. Von der Hütte auf dem unteren der beiden Wege zum nahen Niederjochbach und gegenüber auf dem Grasabsatz leicht steigend nach Osten, später nach Süden Richtung Marzellferner. Bei der Verzweigung auf dem oberen Steig weiter. Steil über Gras und zwischen Gletscherschliffen auf den anfangs sehr breiten Rücken des Marzellkammes. Über den sich allmählich verschärfenden Grat bis zu den Felsen empor. Nun in der linken, schuttreichen Flanke ziemlich tief um die Felsköpfe und über Schutt (Schnee) steil auf den höchsten Punkt des Felskammes.

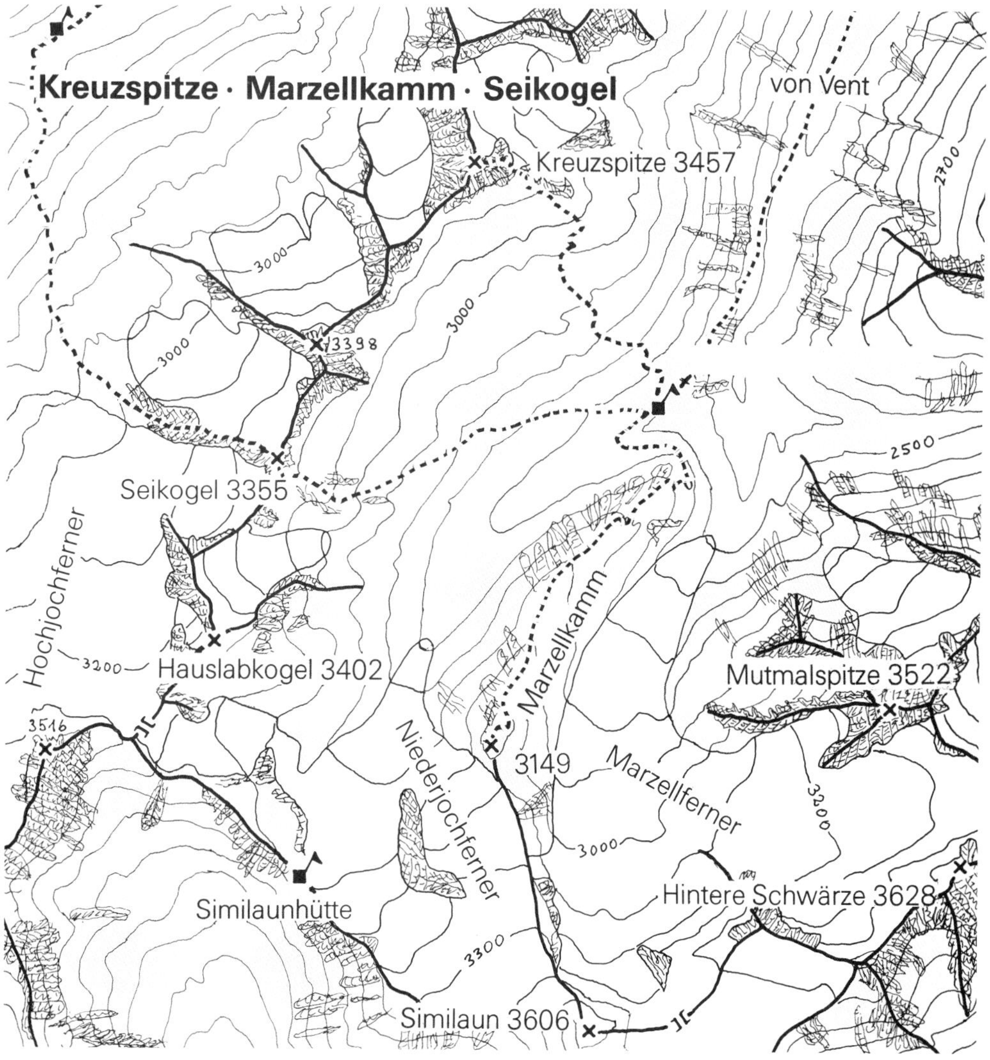

Seikogel, 3355 m

Hochalpiner Übergang ins Rofental

Aufstieg-Std.	Gipfelaufbau	Abstieg
2 3/4	Ostflanke	Westgrat

Der mächtige Kreuzspitzkamm mit seinen sechs Gipfeln über 3350 m Höhe scheidet das Niedertal vom Rofental. Im ersteren liegt die Martin-Busch-Hütte, im zweiten das Hochjoch-Hospiz, beides Hütten des Alpenvereins. Bei der Suche nach einem gletscherfreien Übergang von einem Tal ins andere traf man auf ein Kuriosum: Keine der Scharten eignete sich dafür, so mußte man den Steig über einen Gipfel, den Seikogel, bauen. Seine Grate nach Osten und Westen ragen aus den umliegenden Gletscherfeldern heraus. Ganz frei von Schnee ist der Weg allerdings nur in besonders trockenen Jahren. Zu anderen Zeiten wieder können diese Schneepassagen den Übergang zu einem hochalpinen Unternehmen machen.

Der Aufstieg in der Ostflanke führt über ein stark gegliedertes, abwechslungsreiches Gelände mit kleinen Böden und Steilstufen, über Gras, Schutt, Felsplatten und – wie gesagt – oft auch über Schneefelder, die dann die Orientierung erschweren können. Einen ganz ungewöhnlichen Anblick für die Ötztaler Alpen bieten die schwarzen Felszähne im Nordgrat des Seikogels; das erinnert ein wenig an die Montblancgruppe. Der Westgrat wartet dann noch mit einem ganz besonderen Erlebnis auf. Wie auf einem hohen Steg wandert man über den Eisfeldern dahin, hat südlich unter sich das relativ sanfte Becken des Hochjochferners, im Norden jedoch den Kreuzferner mit seinem Eisbruch in allernächster Nähe. Den Seikogel sollte man trotz des Alpenvereinsweges nicht unterschätzen. Bei einer Überschreitung zum Hochjoch-Hospiz und der Wanderung talaus nach Vent wird die Tour zudem recht lang.

Ausgangspunkt ist die Martin-Busch-Hütte (2501 m), siehe Kreuzspitze.

Der Aufstieg zum Seikogel. Von der Hütte genau nach Westen immer schräg über die Wiesenhänge empor in das Blockkar südöstlich unter dem Seikogel. Über Geröll und zwischen Felsplatten

Vom Seikogel aus schaut man über die Eisfelder des Hauslabkogels auf die formenschöne Fineilspitze (3516 m), einen der großen, begehrten Gipfel der Ötztaler Alpen.

über mehrere Stufen aufwärts. Schließlich über eine Rippe auf den Hauptkamm und über eine kurze Felsstelle auf den Gipfel.

Abstieg über das Hochjoch-Hospiz nach Vent. Knapp 200 Hm auf dem Westgrat abwärts, dann links hinab und weiter zwischen Grat und Gletscher (evtl. Schnee) zu den Blockhängen, die sich bis ins Tal hinabziehen. Über den Hochjochbach und nach einem weiteren Abstiegsstück über den Hintereisbach. Um sich Mühe zu sparen, gleich rechts unterhalb des Hochjoch-Hospizes hindurch und auf dem guten Weg durch das lange Tal hinaus nach Rofen und nach Vent. Mindestens 4 Std.

Nederkogel, 3163 m

Das Wahrzeichen von Sölden und Zwieselstein

Aufstieg-Std.	Gipfelaufbau	Abstieg
4½	Blockhänge	gleiche Route

Diese dunkle Felspyramide mit dem charakteristischen Schneefleck auf der Nordseite bietet ein schönes Bild. Sie ist das Wahrzeichen von Sölden und Zwieselstein, der beherrschende Berg über diesem Abschnitt des Ötztales. Das ist für einen echten Bergsteiger ein recht verlockendes Ziel, und doch kann man sicher sein, hier keinen Massenandrang zu erleben. Dies liegt nicht nur an der Länge der Tour – 1500 Höhenmeter erfordern selbst bei einem sehr direkten Aufstieg ihren Tribut –, sondern auch an der Abgelegenheit und dem Charakter. Das ist keine Sensationstour mit dramatischen Nahblicken, eher eine Fahrt für Besinnliche, die auch das Herbe dieser Art von Urgesteinslandschaft mögen. Es hängt dabei so viel von der eigenen Einstellung ab. Der eine empfindet zum Beispiel die Blockfelder als starr und tot. Andere wiederum schätzen ihre Formenvielfalt und das Turnen von Stein zu Stein. Bei ihnen gehört im Grunde das Blockgewirr zu jeder größeren Zentralalpenfahrt, ja, ohne die Blöcke würde ihnen sogar ein wichtiges Element fehlen.

Noch verstärkt aber gilt dies für die Bergseen, jenen Gegenpol und Ausgleich zur Strenge der hochalpinen Landschaft. So lädt auch bei der heutigen Tour der Nedersee (2460 m) mit seinen Rasenpolstern dazu ein, nach der „Arbeit" der Gipfelbesteigung noch ein, zwei, drei Stunden an seinem Ufer zu verträumen. Nach dem Gipfel wohlbemerkt, der noch 700 m höher in den Himmel ragt und der sich mit einer Schrofenstufe und im Frühsommer mit großen Schneefeldern verteidigt. Dem ersten Hindernis nimmt der gute Steig die Schrecken, oben am Gipfelhang hängt allerdings unser Vorwärtskommen ganz von den Verhältnissen ab; steil ist dieser letzte Hang allemal. Da kann der Unsichere bei hartem Schnee schon in Bedrängnis kommen.

Ausgangspunkt sind die Zwieselstein-Tajen (1680 m) an der Straße Zwieselstein-Gurgl (Hinweisschilder auf die Jausenstation Lenzenalm).

Die Route. Im steilen Gelände zwischen Bäumen und über Almflächen schräg rechts empor zur malerisch gelegenen Lenzenalm (1892 m). Hinter den Hütten fast waagrecht nach links (Süden!), bei der ersten Verzweigung auf dem unteren, bei der zweiten auf dem oberen Weg weiter. Erst im Wald, bald jedoch im freien Gelände (Heidelbeeren!) rasch aufwärts zu den Wiesenböden beim Nedersee. In das kleine Seekarl und in vielen Minikehren über eine steile Grasrippe empor. Etwas mühsam im Schutt und Blockwerk schräg nach links, unter dem auffallenden Firnpolster hindurch. Dann nach rechts zum Grat und Gipfel.

Schwarzkogel, 3018 m

Der richtige Dreitausender für den Neuling

Aufstieg-Std.	Gipfelaufbau	Abstieg
1¾	Schutthänge	gleiche Route

Wer das erste Mal im Leben seine Dreitausender-Eignung testen will, dem sei der Schwarzkogel empfohlen. Ist man hier bei ordentlichem Wetter und sommerlichen Verhältnissen unterwegs, dann müßte man es schon „geschickt" anfangen, um in echte Schwierigkeiten zu geraten. Denn die Kürze der Tour stellt keine Anforderungen an die Kondition, man ist nie über wirklich gefährlichen Abbrüchen unterwegs, und den von zahllosen Begehern ausgetretenen Weg wird wohl keiner verfehlen. So ist vielleicht ein verstauchter Knöchel die ärgste Gefahr.

Auf dem Hausberg Söldens, dem begehrtesten Ziel seiner Gäste, darf tagsüber niemand Einsamkeit erwarten. Doch wäre es schade, sich wegen der Mitbewerber von der Tour abhalten zu lassen, die auch ihre Reize hat (nur der Zugang zur Rotkogeljochhütte wurde durch den allzu brutalen Pistenbau wirklich verschandelt). Dazu gehört vor allem der Schwarzsee, der sich zwischen die Blockfelder schmiegt und in dem sich die vergletscherten Gipfel des Geigenkammes spiegeln. Er dürfte einer der höchsten Bergseen – 2790 m – im Alpenraum sein.

Die Schwarzkogeltour muß man klug anpacken. Entweder gondelt man bereits mit dem ersten Lift bergwärts, steigt in der noch milden Sonne zum Gipfel empor und freut sich dann beim Abstieg

Kaunergrat aus dem Gebiet der Braunschweiger Hütte. Bei allen Touren im Geigenkamm, wie der zum Wassertalkogel oder zur Hohen Geige, begeistert vor allem der Blick auf den gegenüberliegenden Kaunergrat. Kein anderes Gebiet in den Tiroler Zentralalpen weist eine auch nur annähernd so große Zahl von gewaltigen und schöngeformten Felsbergen auf. Das Foto zeigt in der Mitte den Riffelsee, dahinter dann (von links) Rostizkogel, Seekogel, Wazespitze (3533 m) und Verpeilspitze.

diebisch, wenn einem recht viele begegnen, die erst jetzt mit schwitzenden Gesichtern heraufgestampft kommen. Oder – noch besser – man fährt schon im allerersten Dämmerlicht mit dem Auto durch das Rettenbachtal hinauf bis oberhalb der Serpentinen (2500 m). Dort zweigt ein Fußweg nach rechts ab, der durch ein Blockkar direkt in den Sattel zwischen dem Schwarzkogel und dem benachbarten Schwarzseekogel führt. Nach 1½ Std. steht man bereits oben auf dem Gipfel, und so kann der Frühaufsteher sogar einen Sonnenaufgang auf einem Dreitausender erleben!

Ausgangspunkt. Bergstation des Sesselliftes (2391 m). Mittelstation in Hochsölden, einer im Sommer fast ausgestorbenen Hotelsiedlung hoch oben am Hang. Dorthin von Sölden entweder ebenfalls mit Lift oder mit dem Pkw auf guter Bergstraße.

Die Route. Auf breitem Weg über das Pistengelände zum Gasthaus Rotkogeljochhütte (2660 m). Quer durch ein Tälchen in eine kleine Scharte. Drüben wenige Meter hinab zum Schwarzsee. Über mittelsteile Schutthänge auf den Gipfel.

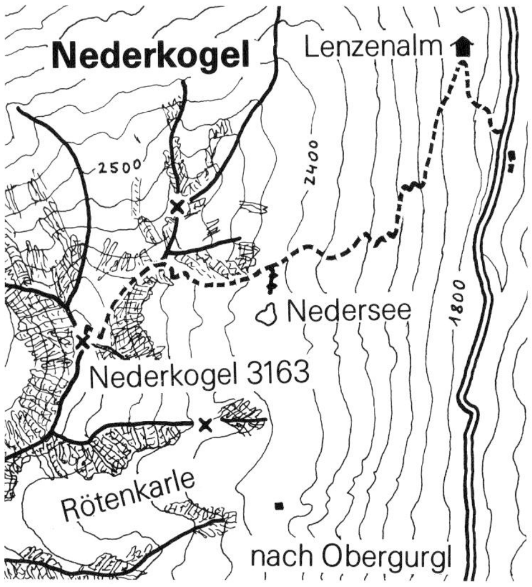

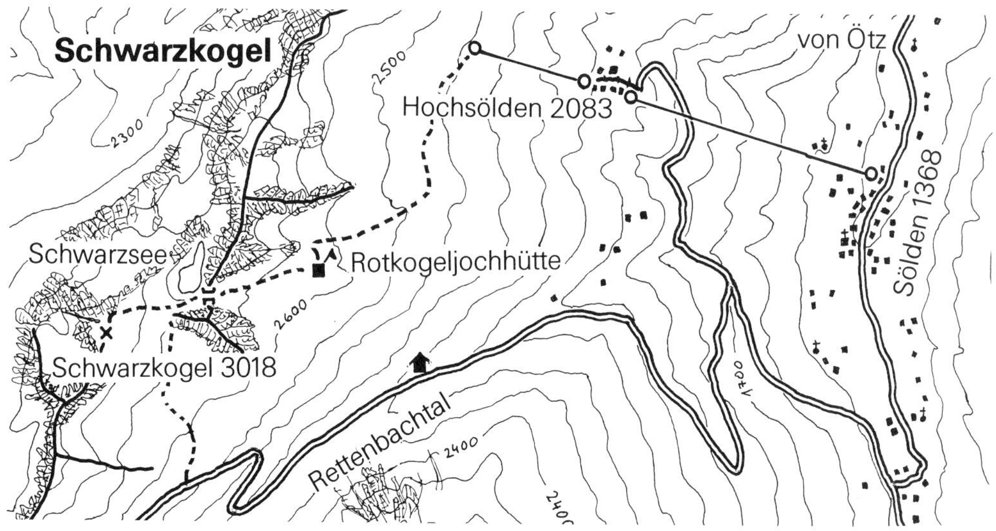

Großer Schafkopf, 3000 m

Über Mataun- und Wölfeleskopf zum Nauderer Hauptgipfel

Aufstieg-Std.	Gipfelaufbau	Abstieg
3½	Kammwanderung	evtl. durchs Saletztal

Großer Schafkopf – haben Sie diesen Namen schon einmal gehört? Sicher nicht. So heißt der westlichste (gerade noch) Dreitausender der Ötztaler Alpen, der höchste Gipfel im Bereich zwischen Nauders und dem Langtaufererertal. Aber, unbekannt ist in diesem Fall bestimmt nicht gleichzusetzen mit uninteressant. Ganz im Gegenteil, die hier vorgeschlagene Gratwanderung gehört zum Reizvollen in diesem Buch. Nur der mögliche Rückweg durchs Piengtal zieht sich etwas in die Länge. Das Ganze ist überhaupt eine Tour für den Stärkeren und Erfahrenen. Wir wollen uns nämlich zwischen dem Mataunkopf und dem Wölfeleskopf einen Umweg durch das nordseitige Kar sparen und lieber stets dem Grate treu bleiben. Doch dort gibt es keinen markierten Weg, uns helfen nur ein paar Pfadspuren weiter. Doch schließlich bietet so ein Grat – bei nebelfreiem Wetter – auch eine recht zuverlässige Leitlinie. Und ist nicht gerade ein Gang zuoberst auf der Schneide, so hoch über den Tälern und mit einem freien Blick bis in die Ortlergruppe für einen echten Bergsteiger das Allerschönste! Doch auch der Zugang zum Grat – von der Seilbahn durch das Ganderbildtal – bietet schönste Urgesteinslandschaft. Als erstes verblüfft dabei das gewaltige Gande-Blockfeld, dann folgen saftig grüne Wiesenböden, und schließlich gibt es noch die beiden Goldseen, die nur wenige Minuten von der Route entfernt sind. Und all das wird sehr malerisch von den dunklen Zacken der Plamorderspitze überragt.

Ausgangspunkt ist die Bergstation der Bergkastl-Seilbahn (2190 m). Talstation an der Straße Nauders – Reschenpaß, 2 km südlich dieses schön gelegenen Ferienortes.

Aufstieg über den Mataunkopf. Von der Bergstation quer über das Blockfeld auf die andere Talseite und über Gras zur Wegverzweigung am Rand der Schuttfelder (rechts geht es zu den Goldseen). Steil im Geröll zu einer Gratlücke und rasch über den Kamm auf den Westgipfel und hinüber zum Ostgipfel des ***Mataunkopfes*** (2892 m). Nun auf Pfadspuren ins nahe Saletzjoch und über mächtige Blöcke auf den ***Wölfeleskopf*** (2894 m). Ins nahe Wölfelesjoch und nun wieder auf einem Steig über sehr steiles Gras und über Schrofen auf den Schafkopf.

Der Rückweg. Entweder auf der gleichen Route zurück zur Bergkastlbahn oder Abstieg vom Wölfelesjoch nach Norden ins Saletztal. (Der Nordabstieg vom Gipfel ist nicht sehr reizvoll; ebenfalls Steig.) Durch das Tal, vorbei an der Goldseehütte (Jausenstation) zurück zur Talstation oder nach Nauders.

Mittagskogel, 3159 m

Bis gestern ein einsames Ziel – und morgen?

Aufstieg-Std.	Gipfelaufbau	Abstieg
1	Blockhänge	zwei Möglichkeiten

Genau im Süden des innersten Pitztales ragt als breite Felspyramide der Mittagskogel auf, ein Gipfel, der ins Auge fällt, und den doch – bisher – kaum ein Alpinist kannte. Obwohl schon seit langem ein Pfad dort hinaufführt, steht diese Route auch in keinem der Auswahlführer. Ein vergessener Berg! Dabei bot die große Rundtour – bei Einbeziehen der Braunschweiger Hütte – schon immer einen an Erlebnissen reichen Tag. Möglichst schon im allerersten Morgenlicht stieg man von Mittelberg über die langen Hänge empor. In dem so steilen Gelände ohne alle Absätze gewann man erstaun-

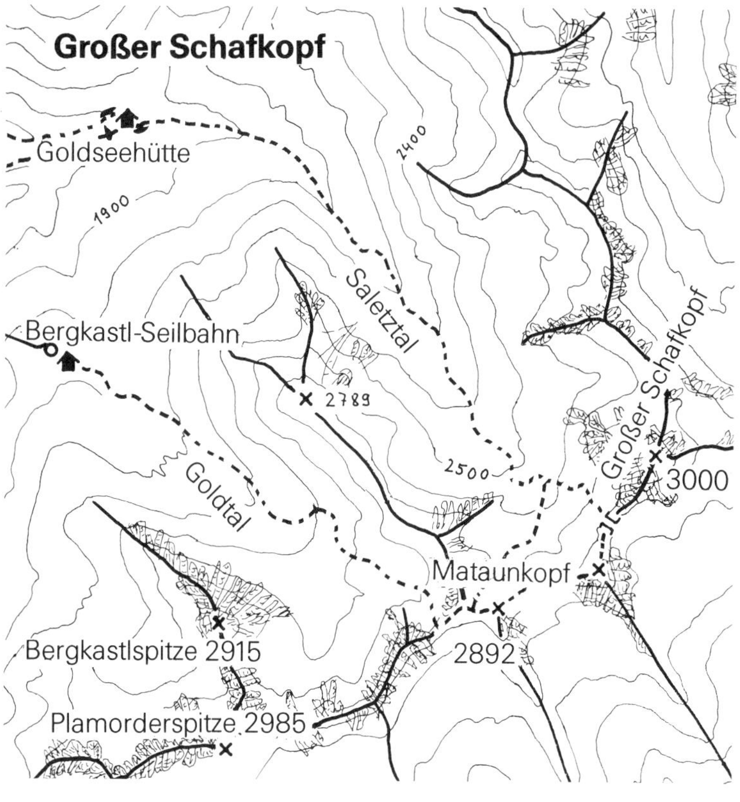

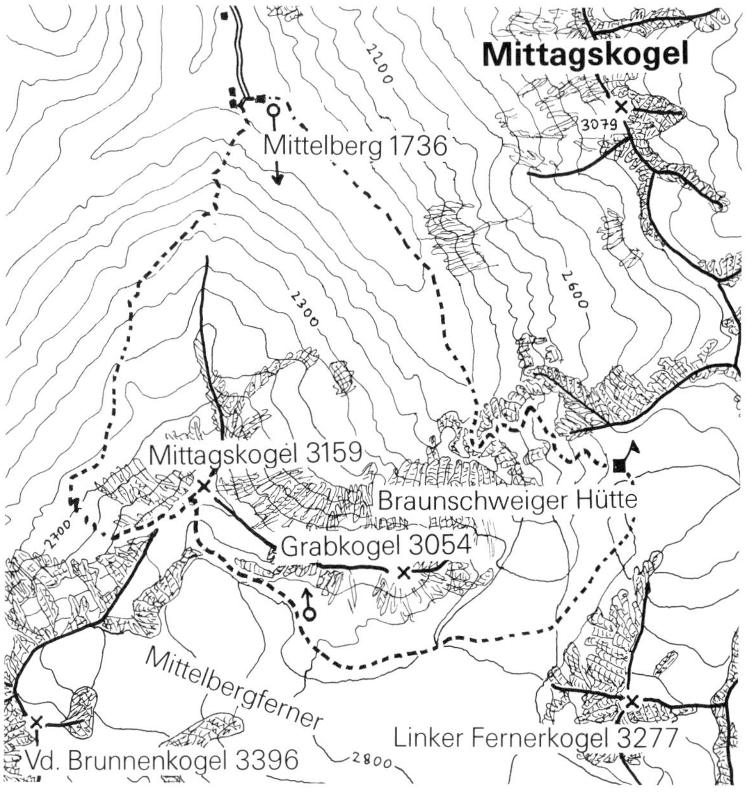

lich rasch an Höhe. Im allerersten Abschnitt beherrschte der Puitkogel mit seiner 1000-m-Flanke das Bild, dann rückten immer mehr die großen Gipfel des Kaunergrates wie die Blickspitze (3454 m) in den Vordergrund. Später führte der Pfad ins oberste, blockgefüllte Kar und wand sich schließlich durch die Schrofenflanke (gefährlich bei Schnee!) zum Grat hinauf. Von einem Meter zum anderen änderte sich dann der Charakter.

Ganz nahe vor einem breitete sich der Mittelbergferner mit seinen vielen Gletscherbecken aus. War die Zunge dieses Gletschers bereits aper, so daß es keine verschneiten Spalten gab, so reizte der Weiterweg zur Braunschweiger Hütte. Der Abstieg von dort zurück nach Mittelberg mit dem freien Blick auf die Kaunergratberge, der herabhängenden Gletscherzunge, dem tosenden Bach zwischen rundpolierten Felsen gehört zu den schönsten Hüttenwegen überhaupt. Während dieses Buch im Druck ist, wird sich der Charakter der Tour ändern – vorbei ist dann die Stille, denn südlich des Kammes steht die neue Bergbahnstation, die ein Gletscherskigebiet an den Brunnenkögeln erschließen soll. So bleibt in Zukunft für den Mittagskogel nur ein Bruchteil an Anstrengung, aber wohl auch nur ein Teil des einstigen Erlebens!

Ausgangspunkt ist die Bergstation der neuen Tunnelbahn. Talstation in Mittelberg, den innersten Häusern des Pitztales.

Aufstieg. Von der Station über Gletscherschliffe, Blockwerk und Schnee erst am Gletscher entlang, dann durch eine Mulde zum Gipfel.

Rückweg durch die Westflanke. Über den Grat nach Südwesten, dann durch die 200 m hohe Schrofenflanke sehr steil in ein Kar (nur bei guten Verhältnissen!). Immer schräg nach rechts an den Hängen hinab nach Mittelberg.

Rückweg über die Braunschweiger Hütte. Über eine Geröllstufe hinab, dann quer über die Zunge des Mittelbergferners (nur im aperen Zustand!) und leicht aufwärts zur Braunschweiger Hütte (2758 m, DAV). Auf dem gut angelegten Hüttenweg zurück nach Mittelberg.

Hintere Ölgrubenspitze, 3296 m

Aussichtsberg über Kaunertal und Gepatschferner

Aufstieg-Std.	Gipfelaufbau	Abstieg
4	Firn und Platten	gleiche Route

Naja, so ganz hundertprozentig paßt die Ölgrubenspitze nicht in dieses Buch, verlegt doch ein kleines Gletscherfeld den Zugang vom Ölgrubenjoch zum Gipfel. Aber, wir wollen nicht vorgreifen, sondern unsere Tour brav und ordentlich unten im Kaunertal beginnen. Unser Weg führt anfangs durch schönen Zirbenwald, in dem sich ein paar kleine, ebene

Erstes Morgenlicht auf dem Hangenden Ferner, der von der Braunschweiger Hütte zum Linken Fernerkogel hinaufzieht. Links die Innere Schwarze Schneide (3369 m).

Jenseits der tiefen Furche des Kaunertales ragen die südlichsten Gipfel des Kaunergrates auf. Es handelt sich um das Gipfelpaar Blickspitze und Vordere Ölgrubenspitze (3456 m), während sich rechts hinten die Hochvernagtspitze und die Hintere Ölgrubenspitze gegenseitig verdecken.

Wiesenböden verstecken. Die wollen wir uns auf jeden Fall für den Abstieg merken, wird hier doch so manches geboten vom klaren Bergwasser bis zum Heidelbeer-Nachtisch. Nach zwei Gehstunden biegt dann unser Steig ins oberste, blockgefüllte Kar ein, einem eindrucksvollen, hochalpinen Bergwinkel. Und dafür sorgt unser Ziel – wir können richtig stolz darauf sein. Es präsentiert sich als wildes, doppelgipfliges Felsmassiv mit einem Hängegletscher nach Norden, der in bekannteren Gebieten sicher die Eisgeher in Scharen anlocken würde, während so nahezu nie jemand durch die Eiswand steigt. Bei diesem Anblick mag in manchem nun doch ein leiser Zweifel aufkommen. Doch sobald wir über die nächste Stufe, die zufällig mit der 3000-m-Höhenlinie zusammenfällt, hinaufgestiegen sind, schaut die Sache schon wieder anders aus. Bei gutem Schnee werden wir mühelos über den anfangs etwas steileren Firnbuckel hinaufstapfen. Schaut jedoch das schmutzig graue Eis heraus, dann müssen wir uns links im steilen Geröll an diesem Aufschwung vorbeimogeln. Auch das letzte Stück zum schmalen Gipfel kann recht unterschiedlich ausschauen. Ist die Stufe aper, dann brauchen wir uns nur mit dem etwas rutschigen Geröll herumzuplagen, bei Schnee jedoch wäre ein Eispickel ganz angenehm. Bei Bergen dieser Höhe können die herrschenden Verhältnisse ja so unterschiedliche Bedingungen schaffen! Der Gipfel selbst ist eine richtige Gletscher-Aussichtsloge. Im Osten liegt der zerrissene Sexegertenferner, der von der Wildspitze überragt wird, während im Süden der gewaltige Gepatschferner den ganzen Bergkessel füllt. Seine Zunge – tief zu unseren Füßen – erinnert an eine schuppige Ur-Echse.

Ausgangspunkt ist das Kaunertal beim Gepatschhaus (1920 m). Zufahrt von Feichten vorbei am Gepatsch-Stausee (Maut).

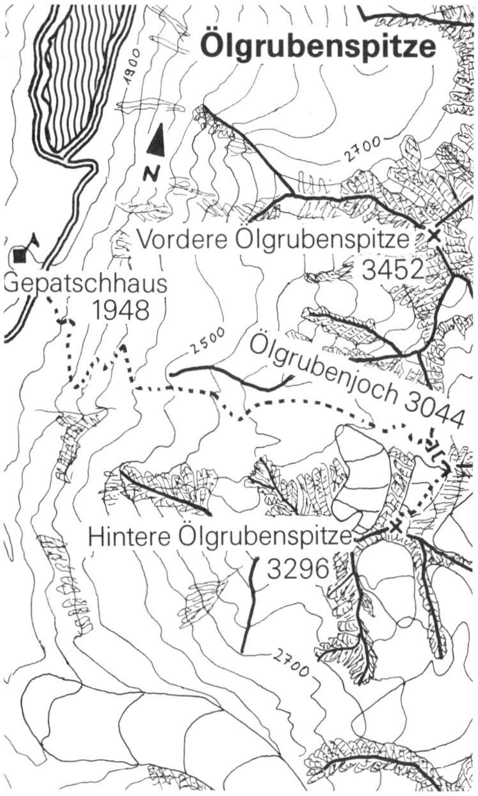

Die Route. Kurz durch Wald, dann über eine schrofendurchsetzte Steilstufe in die Innere Ölgrube. Über Matten, später durch eine grobblockige Moränenlandschaft auf gutem Steig ins Ölgrubenjoch (3044 m). Ein paar Meter abwärts, dann schräg nach links über die Firnstufe und über die nun flacheren Schneehänge auf den Rücken, der vom Gipfel nach Nordosten zieht. Über Schutt und ein paar Platten auf Steigspuren zum höchsten Punkt.

Wassertalkogel, 3247 m, **Gschrappkogel,** 3194 m, **Polleskogel,** 3035 m

Großer Gratweg über drei Dreitausender

Aufstieg-Std.	Gipfelaufbau	Abstieg
$3^1/_2$	Blockgrate	evtl. über Chemnitzerh.

Wie ein Bollwerk verteidigt der Polleskogel den Zugang zu unserer großen Grattour. Der kurze, aber steile Aufstieg in die erste Scharte und die drahtseilversicherten Felsen in der Westflanke des Kogels sind die Probiersteine für diese Tour. Wer die Probe gut besteht, kann sich mit ruhigem Gewissen an den Weiterweg machen. Doch vorab steigt er natürlich die wenigen Minuten noch ganz hinauf auf den ersten Dreitausender des Tages. Ja, dieser Weiterweg! Knappe zwei Kilometer wandert man nun ständig über den Grat in einer Höhe von mehr als dreitausend Metern mit völlig freiem, ungehindertem Blick nach Osten und Westen und immer mehr auch nach Süden auf die großen Gletscherfelder und die Wildspitze, die mit ihren 3772 m der höchste Gipfel Nordtirols ist. In besonderem Maß aber ziehen die Kaunergratberge den Blick auf sich, und hier ist's vor allem einer, der ins Auge springt: der Seekogel (3358 m), ein richtiges Horn, und trotzdem ein Berg, den nur wenige kennen. Unter all dem Schauen kommt man allmählich auf den zweiten Dreitausender des Tages, den Gschrappkogel (wenn man die beiden Zwischenköpfe nicht mitrechnet), und schließlich folgt das dritte und letzte Ziel, der an seiner Biwakschachtel unverkennbare Wassertalkogel.

Wer seine Eisausrüstung mit sich trägt und sich zudem auch im Schnee sicher fühlt, der könnte den Höhenweg noch bis zur Chemnitzer Hütte weiter verfolgen. Er müßte dabei drei Minigletscher überqueren und – mit Hilfe von Drahtseilen – zwei Felsrippen erklimmen. Das wäre eine eindrucksvolle, lange und hochalpine Fahrt.

Ausgangspunkt ist der oberste Parkplatz im Rettenbachtal (2790 m). Dorthin von Sölden, dem Ferienzentrum des mittleren Ötztales, auf – reichlich teurer – Mautstraße.

Die Route. Direkt über dem Parkplatz liegt ein kleines Gletscherfeld (Lift), der Gipfel über dessen rechter, oberer Ecke ist der Polleskogel. Im Einschnitt links neben dem Gipfel, den man steil über Schnee und Platten ersteigt, beginnt der Mainzer Höhenweg. Westlich um den Polleskogel (Versicherungen, von Norden Abstecher zu diesem Gipfel) und hinab in das breite Nördliche Pollesjoch. Von kurzen Abweichungen abgesehen auf dem Grat (Geröll, Blockwerk, Platten) über verschiedene Zwischenköpfe auf den Gschrappkogel und nach einer kleinen Scharte auf den Wassertalkogel. Der ***Weiterweg*** über das Weißmaurachjoch zur Chemnitzer Hütte ist hochalpin und erfordert Gletschererfahrung. Ca. $3^1/_2$ Std.

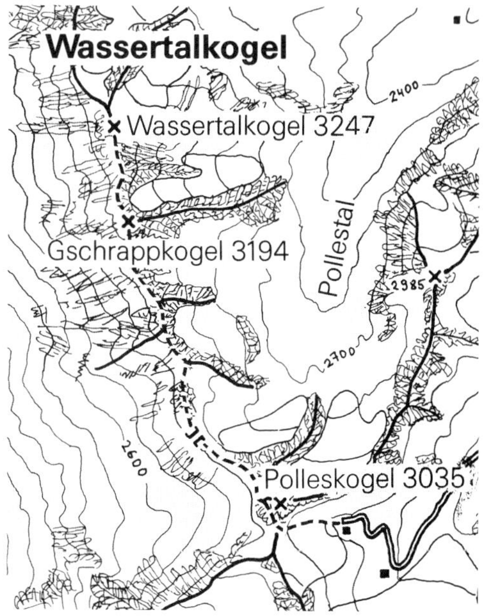

Hohe Geige, 3395 m

Steiler Weg auf den Hauptgipfel des Geigenkammes

Aufstieg-Std.	Gipfelaufbau	Abstieg
$1\,^3/_4 + 3$	steile Blockhänge	gleiche Route

Die Hohe Geige ist der dominierende Berg in dem nach ihr benannten, 25 km langen Kamm zwischen Ötztal und Pitztal. Mit dem spitz aufragenden, gletscherverbrämten Gipfel, der seine Umgebung um ein gutes Stück überragt, zeigt sie sich so recht als Herrscherin in ihrem Bereich. Natürlich lockt dieses Ziel jeden echten Gipfelstürmer. An diesem Berg ist alles steil, es gibt keine weiten Täler, keine langen Grate. In Serpentinen klettert der Steig aus dem so tief eingefurchten Pitztal zur kleinen Chemnitzer Hütte hinauf. In Serpentinen erklimmt man den großen, felsdurchsetzten Steilhang oberhalb des Minitälchens. Ein paar Minuten lang überquert man dann einen flachen Firnboden, und schon geht es wieder steil empor über den blockreichen Gipfelhang, auf dem sich bis weit ins Jahr hinein die Schneeflecken halten. Keine 4 km ist man von seinem Auto entfernt – und das bei einem Höhenunterschied von 1800 m! Das hat auch seinen großen Vorteil: man kommt ungewöhnlich rasch auf einen fast 3400 m hohen Berg.

Der Blick von der Geige ist einzigartig – es gibt nichts Vergleichbares in den Zentralalpen Tirols. Das liegt daran, daß die

Kaunergratberge, diese rassigen Felsgipfel, etwas Besonderes sind. Genau gegenüber stehen sie Parade, die Rofelewand, die Wazespitze (3533 m), der Seekogel, und wie sie alle heißen. Das ist keine lange, etwas gleichförmige Kette, sondern eher eine Ansammlung von Individualisten. Alle Gipfel zeigen ein ganz besonderes Aussehen mit sehr markanten, scharfgeschnittenen Formen; man kann sie nicht untereinander verwechseln.
Noch eine Anregung für alpine Wegebauer: Man sollte einen Steig von Gahwinden über den Südwestgrat errichten; das Gelände würde dem keine ernsten Hindernisse entgegenstellen. Das wäre dann ein echter Traumweg zu einem echten Traumberg, und man würde sich die vielen Kehren in den so steilen Hängen ersparen.

Ausgangspunkt ist Plangeroß (1617 m), der Hauptort des oberen Pitztales.
Zur Neuen Chemnitzer Hütte. Etwa 500 m nördlich der Kirche zweigt der gute Hüttenweg ab (Schilder). In dem scharfen Bacheinschnitt anfangs zwischen Bäumen und Buschwerk, dann im freien Gelände rasch aufwärts zur Hütte (2323 m, DAV, bewirtschaftet, 1 3/4 Std.).
Die Gipfelroute. Von der Hütte eine knappe Stunde talein, dann auf dem rauhen Bergweg nach Norden über die blockigen und schrofigen Steilhänge in vielen kleinen Kehren hinauf gegen den Südwestgrat. Nach rechts in ein kleines Firnbecken. Über einen letzten Trümmerhang (evtl. Schnee, Vorsicht) zum Grat und Gipfel.

Fundusfeiler, 3079 m, **Lehner Grieskogel,** 3038 m

Zahlreiche Möglichkeiten im nördlichen Geigenkamm

Aufstieg-Std.	Gipfelaufbau	Abstieg
1 1/4 + 3 1/4	plattiger Westgrat	mehrere Varianten

Nur wenige wissen von den vielfältigen Tourenmöglichkeiten im nördlichen Teil des Geigenkammes rund um die Superaussichtsberge Fundusfeiler und Wildgrat. Drei Alpenvereinshütten und ein Netz von Wegen erschließen dieses wildgezackte Felsrevier. Zum Fundusfeiler, dem Oberhaupt des Kammes, kann man von Zaunhof hinaufsteigen. Gleich am Anfang des Weges begeistern die Ausblicke; man überschaut weite Teile des Pitztales, darüber steht die Hohe Geige, und auf der anderen Talseite wachsen Gsallkopf und Rofelewand immer gewaltiger empor. Das Zwischenziel, die Lehnerjochhütte, versteckt sich etwas ängstlich zwischen den letzten Fichten – obwohl wenige Minuten oberhalb die Hänge schon völlig frei sind. Weite Wiesenböden, das Lehnerjoch, gewaltige Blockmulden und Moränenfelder und schließlich ein schuttreicher Steilhang, so lauten die Stationen bis hinauf in die Feilerscharte. Hier mündet ein zweiter Weg; er kommt aus dem Ötztal von Köfels und der kleinen Frischmannhütte (DAV). Oberhalb folgt noch der Westgrat mit seinen zwar schiefrigen, aber doch festen Felsplatten. Wer noch nicht zu ausgepumpt ist, wird Spaß an der kurzen, harmlosen Kraxelei haben. Der Blick auf die dunklen Kaunergratberge, auf die leuchtend weiße Wildspitze (3772 m), hinüber in die Stubaier Alpen und hinab ins mittlere Ötztal sind dann die Zusatzschmankerl zur Gipfelbrotzeit. Als Nachtisch kann der Dreitausender-Hungrige noch dem höchsten der Lehner Grieskögel aufs Haupt steigen. Das schaut schlimmer aus, als es ist. Ein wenig Turnerei über wackliges Blockwerk (ohne Weg) und der betäubende Duft von Tausenden von Primeln, das ist alles.
Wer noch mehr vom Geigenkamm sehen will, den wird vor allem der **Wildgrat** (2977 m) locken, das Zentrum von einem Dutzend größerer und kleinerer Gipfel und vielen, vielen Felszacken. An seinem Ostfuß liegt die Erlanger Hütte, ein Weg führt quer über den Gipfel, andere umkreisen ihn. Möglichkeiten in Hülle und Fülle!

Ausgangspunkt. Oberlehn (1480 m), Ortsteil von Zaunhof im mittleren Pitztal; Zufahrt auf holperigem Bergsträßchen.
Zur Lehnerjochhütte. Auf dem Fahrweg oder dem Fußweg durch Wald und Buschwerk zur Hütte (1935 m, DAV, bewirtschaftet, 1 1/4 Std.).
Zum Fundusfeiler. Auf gutem Weg über Matten ins Lehnerjoch. Drüben kurz hinab, dann über weite Blockfelder und einen steilen Schutthang (Schnee) in die Feilerscharte. Über den schiefrigen Plattengrat zum Gipfel (wenig Kletterei).
Vorschlag für eine Rundtour (in Stichpunkten). Jerzens – Hochzeiger (Lift) – Wildgrat – Erlanger Hütte (2541 m, DAV, Übernachtung). Fundusfeiler – Lehnerjoch – Lehnerjochhütte (Übernachtung). Hoher Gemeindekopf (2771 m) – Hochzeigerhaus.

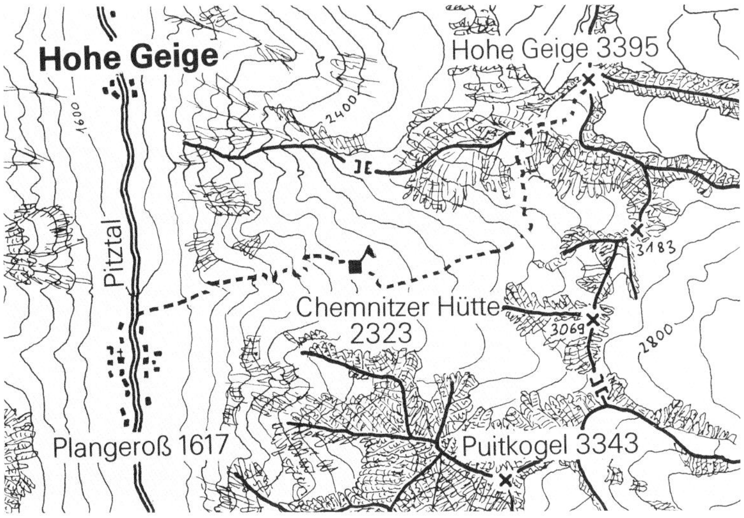

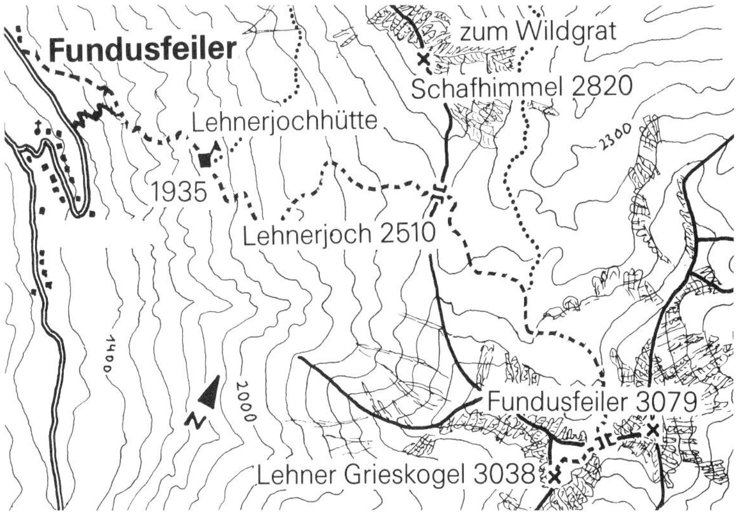

Zwischen Bernina und Silvretta

Ein Blick vom Hohen Riffler über den benachbarten Welskogel und quer über das Paznauntal auf die Silvretta mit den alles überragenden Fluchthörnern. Daneben lugen noch Piz Palü und Piz Bernina hervor.

Mit dem Begriff Kontrastprogramm könnten wir dieses Kapitel unseres Buches überschreiben. Auf engem Raum und in kurzer Zeit lassen sich hier die unterschiedlichsten Eindrücke sammeln. Das beginnt schon unten im Tal bei den Orten. Welche Welten trennen zum Beispiel das Bauerndorf Guarda im Unterengadin von der Weltmetropole St. Moritz. Ein Bummel durch den einen Ort und ein Bummel im anderen (solange das Erleben noch frisch ist) – gibt es stärkere Gegensätze! Der Naturverbundene fühlt sich bestimmt mehr zu den Bauerndörfern hingezogen. In sie kann man sich so recht verlieben, in diese alten, verschachtelten Ortskerne, wo rund um den Brunnenplatz die typischen, behäbig-breiten Bündnerhäuser stehen mit ihren kunstvollen Fassaden, ihren für das Engadin so charakteristischen Sgraffito-Ornamenten und -Zeichnungen, den Erkern, Gittern, Toren, Beschlägen und ihrer Blumenpracht... Unser Kontrastprogramm setzt sich in der Eigenart der Täler und der dort herrschenden Atmosphäre fort. Da gibt es die topfebenen Wiesenböden bei Samedan, die herrliche Seenlandschaft zwischen St. Moritz und Maloja, das tiefe V-Tal im Unterengadin – hier liegen die Dörfer fast ausschließlich am Sonnenhang (bis zu fünfhundert Meter hoch über dem Inn), die wilde Schlucht hinein nach Samnaun, die Wiesenterrassen zwischen Ladiz und Serfaus. Wahrlich eine breite Palette! Und natürlich stehen auch die Berge in der Vielfalt nicht zurück. Absolutes Schaustück ist die Bernina mit ihren bis zu 4049 m hohen Eisgipfeln und den gewaltigen Gletscherströmen. Bei vier unserer Touren können wir sie aus der Nähe betrachten, ja, der Munt Pers ist sogar eine Gletscher-Aussichtsloge von absoluter Spitzenklasse. Im Verhältnis zur Bernina wirken dann die Berge der Albula- und der Languard-Gruppe breit und behäbig in ihrem dunklen Gneis- und Granitgewand. Mit den vielen Bergseen, den rauschenden Bächen, der so bunten Flora sprechen sie mehr die Stillen und Beschaulichen an. Einen dazu völlig gegensätzlichen Bergtyp verkörpern die Unterengadiner Dolomiten. Hier ist das Gelände meist steil, das Gestein leuchtet in einem hellen Grau, und aus den schier endlosen Schuttfeldern steigen mächtige, spitze, zerklüftete Felsgipfel auf. Bei der Silvretta wiederum, einem Mustergebirge im Kleinen, mischen sich die verschiedensten Elemente – Gletschergipfel und spitze Felstürme, breitgelagerte Gneisberge und runde Graskuppen. Einen ganz neuen, eigenen Akzent setzt schließlich noch der Muttler, der Hauptgipfel der Samnaun-Gruppe, diese gewaltige, ebenmäßige Pyramide aus Schiefer.

Hoher Riffler, 3168 m, **Kleiner Riffler,** 3014 m

Rundtour zum Hauptgipfel der Ferwallberge

Aufstieg-Std.	Gipfelaufbau	Abstieg
3¼ + 2¼	Blockwerk, Schnee	über Blankaseen

Nach meinem persönlichen Geschmack gehört das Ferwall mit seinen dunklen, scharfkantigen und teilweise ausgesprochen wilden Felsgipfeln, den kleinen Gletschern, den vielen Seen zu den schönen Berggebieten Österreichs. Und trotzdem kennt kaum einer dieses Schmuckkästchen. Allenfalls unser Ziel, der Hohe Riffler, wird am Wochenende von Pettneu aus bestiegen. Wollen Sie nicht noch ein wenig mehr vom Ferwall kennenlernen? Dann starten Sie doch wenigstens drüben in Kappl, im unteren, noch dunkel-engen Paznauntal. Dank des Diasliftes beginnt die eigentliche Tour bereits in freier Höhe. Gute Steige leiten hinauf in die Schmalzgrubenscharte. Und dann stehen Sie urplötzlich dem Riffler gegenüber. Er ist schon imposant, dieser Hauptgipfel des Ferwalls, ein gewaltiges, mehrgipfeliges Felskastell aus auffallend dunklem Gestein!
Dank des guten AV-Steiges bereitet die Route von der Hütte zum Gipfel keine ernsten Probleme. Wer noch etwas Spannendes erleben will, der steigt später direkt zu den Blankaseen ab, klettert über die plattige und blockreiche Flanke in das ganz schmale, schneegefüllte Südkar hinab, einem ganz besonders urweltlichen Bergwinkel (nur Steigspuren). Durch eine weite Felswildnis wandert er dann hinaus zu den von Blöcken und erstem Grün umrahmten Blankaseen. Der Bedächtige jedoch zieht den Umweg über das Kapplerjoch vor. An den Seen, dem Idealplatz für die große Mittagsrast, treffen beide Routen wieder zusammen.

Ausgangspunkt. Sessellift-Bergstation (1830 m) beim Gasthaus Dias. Talstation in Kappl im unteren Paznauntal.

Über die Schmalzgrubenscharte zur Edmund-Graf-Hütte. Vom Lift zum Gasthaus Dias. Rechts des Rückens über Wiesenflächen, bis man auf den Höhenweg trifft. Auf ihm nach rechts auf eine Schulter und dann steil hinauf in die Schmalzgrubenscharte (2697 m). Quer durch den Hang auf eine Rippe hinab und nach rechts in dem welligen Gelände – am Schmalzgrubensee vorbei – zur Hütte hinab (2375 m, ÖAV, bewirtschaftet, ca. 3¹/₄ Std.).

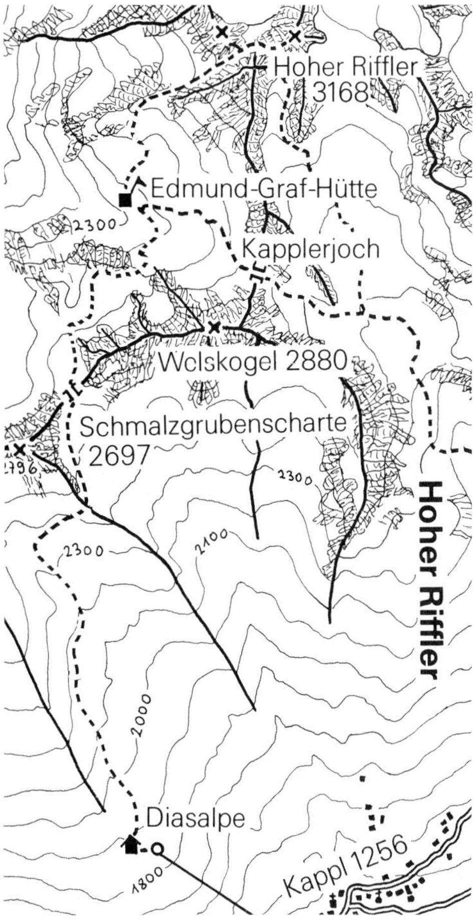

Auf die Rifflergipfel. Nach Norden, später nach Nordosten über die Hänge auf einen Schneesattel. (Links ohne Weg in leichter Kletterei zum Kleinen Riffler, 15 Min.) Rechts über Schnee und Fels auf den Hohen Riffler.

Abstieg. Entweder aus der Scharte zwischen Hohem Riffler und Blankahorn über eine Felsstufe (anfangs nach links, Kletterei, I) in das Südkar und weiter zu den Blankaseen. Oder auf dem Aufstiegsweg zurück bis über die Hütte und nach Osten ins Kapplerjoch (2672 m, Gegenanstieg 40 Min.) und hinab zu den Seen. Durch das steile Blankatal abwärts zur Durichalpe und sich nun rechts haltend zurück nach Kappl.

Furggler, 3004 m

Beliebter Aussichtsberg in der nördlichen Samnaun-Gruppe

Aufstieg-Std.	Gipfelaufbau	Abstieg
2¹/₄	weite Blockhänge	Nordrücken

Der Furggler ist ein eigentümlicher Berg. Da gibt es keine glatten Hänge und ausgeprägten Grate, nein, das ganze, breite, behäbige Massiv wirkt wie aufgelöst. In die an sich steilen Flanken sind immer wieder wie Daumenabdrücke eines Riesen kleine und kleinste Kare eingelagert. Und der Hauptgrat, der nach Nordosten weiterzieht zum Blankakopf, ist keine deutlich ausgeprägte Schneide, sondern ein weiter Rücken, der auf den Seiten sogar von Firnmulden begleitet wird. Auch der neue Aufstieg von der Scheid aus sorgt für eine echte Überraschung. Da stiefelt man über die steilen Gras- und Schutthänge empor, schnaufend und schwitzend in dieser prallen Südflanke, und steht dann völlig überraschend auf einer Karschwelle vor einem kleinen Boden, der sogar Platz für den 200 m langen Tieftalsee bietet. Jawohl, Sie haben richtig gelesen! Hier oben in 2790 m Höhe versteckt sich mitten im Steilgelände ein blaues Seenauge – blau, sofern es die Sommersonne bereits geschafft hat, die gewaltige Eisdecke zu schmelzen. Die Bergseen sind überhaupt der besondere Schmuck der Furggler-Landschaft. Wer nach der Gipfelfahrt – sie ist ja nicht allzu anstrengend – noch ein paar Kraftreserven übrig hat, sollte vom Furgglersee nochmals 25 Minuten lang aufsteigen, um den Rest des Tages oben auf dem Blankaseen-Plateau zu verbummeln. Vom einstigen Gletscher geschliffene Felsplatten, Graspolster, ein großer See, ein paar mittlere und noch eine Reihe kleiner Lacken, ein freier Blick nach Südosten auf die Felsgipfel des Glockturmkammes – das sind die Attribute dieses Hochkares. Apropos Aussicht. Natürlich ist oben vom Furggler-Gipfelkreuz aus der Blick frei in alle Richtungen und zu allen „Berühmtheiten" zwischen der Zugspitze und den Fluchthörnern. Besonders schön zeigen sich die schwarzen Felszacken des Ferwalls, drüben, jenseits der tiefen Furche des Paznauntales.

Ausgangspunkt ist der Lazidkopf (2346 m), Bergstation des Sesselliftes. Zufahrt vom Ferienort Serfaus (1429 m), das sehr schön auf einer Terrasse 500 m über dem Oberinntal liegt, mit Seilbahn und Lift.

Aufstieg über den Tieftalsee. Vom Lazidkopf über den Grasgrat in die Scheid. Gleich gegenüber steil auf dem Rücken empor, dann nach links in die Hänge und zu dem Boden mit dem Tieftalsee. Durch eine Mulde und über einen letzten Hang zum Gipfelkreuz.

Abstieg über den Furgglersee. Über Schneeflecken, Platten und Schutt auf dem Nordgrat hinab ins Furgglerjoch und nach rechts durch das schlauchartige Kar zum Furgglersee. Links ab und Gegenanstieg zum Blankasee. Später an den Hängen entlang abwärts und schließlich über einen Rücken zum Kölner Haus (DAV) und zur Seilbahnstation.

Die untenstehende Skizze enthält die Routen sowohl zum Furggler wie zum Hexenkopf.

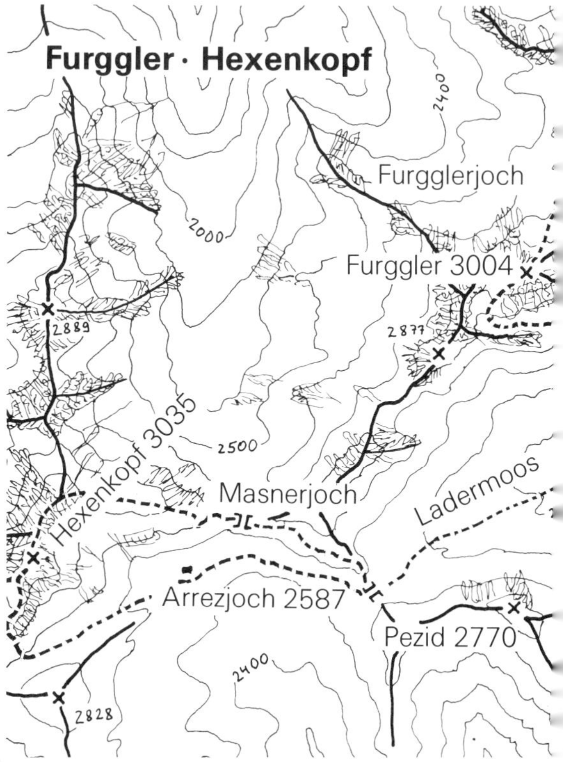

Hexenkopf, 3035 m

Über den Ostgrat – eine schöne, stille Urgesteins-Bergfahrt

Aufstieg-Std.	Gipfelaufbau	Abstieg
3	Felsgrat	über Hexensee

Der Hauptgipfel im Nordflügel der Samnaunberge präsentiert sich als breitgelagerter, schwarzer Felskamm, der auch auf der Südseite bis weit ins Jahr hinein von Firnflecken und -streifen weiß verziert ist. Er gehört zu den typischen Gneisbergen ohne erschreckend steile Felswände. Hier beherrschen Blockwerk, Felsköpfe und Platten das Bild. Davon werden auch die Gipfelaufstiege geprägt. Es gibt je einen von Süden und von Osten, die sich natürlich für eine Rundtour anbieten. Wer sich's leisten kann, steigt über den Ostgrat hinauf, über einen erstaunlich weiträumigen Rücken, anfangs mit ein paar wirklich idyllischen Grasinseln geschmückt, später dann ganz von Geröll, Schneeflecken und plattigem Fels überzogen. Doch dann, beim Ostgipfel, schnürt sich der Grat zusammen, ist plötzlich von schwarzen Felszacken gekrönt. Die Markierungen – einen richtigen Weg gibt es hier nicht mehr – führen durch die seitlichen Flanken, ein paar Stufen werden überklettert und schließlich leitet ein schmaler Felsspalt zum Hauptgipfel hinauf. Das ist keine Route für den völlig Unerfahrenen mehr; um so größeren Spaß aber hat der sichere Geher an diesem Gelände voller Überraschungen und an dem Turnen über die Felsen. Und ein ganz besonderes Attribut dieser Bergfahrt ist zudem die Ruhe und Einsamkeit. Etwas lebhafter geht es auf der Südroute zu. Dieses Gelände mit Gras und Blockwerk bietet keine Probleme.

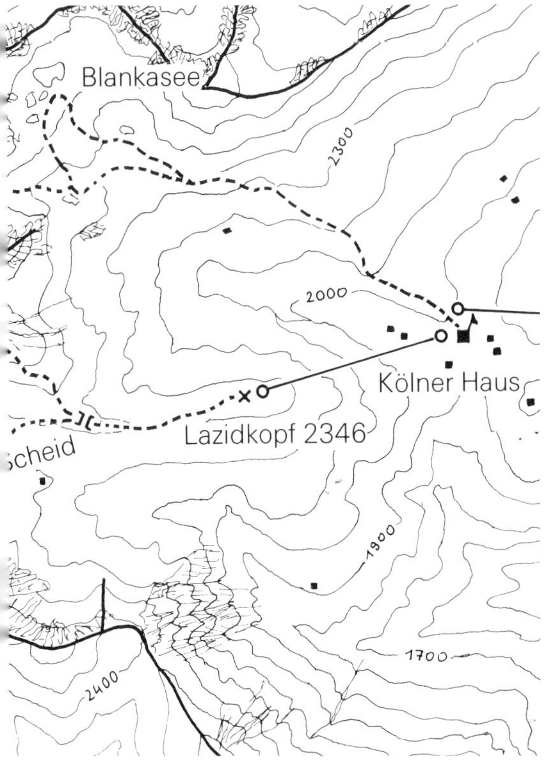

Wir wollen aber auch das Unschöne der Hexenkopf-Tour nicht unter den Tisch fallen lassen. Die einst so herrlich unberührten Böden von Ladermoos und Masneralpe wurden vor ein paar Jahren in den Komperdell-Skizirkus mit einbezogen. Häßlich schaut's heute dort aus – eine richtige Planierraupen-Landschaft!

Ausgangspunkt. Lazidkopf (2346 m) siehe Furggler.

Die Route über den Ostgrat. Vom Lazid über den Grasrücken in die Scheid und hinab ins Ladermoos. Flach nach Westen ins Arrezjoch (2587 m). Wegverzweigung. Kurz über den Grat nach Norden, dann links durch die Flanke – am Schluß in sehr steilem Gelände – hinüber ins Masnerjoch. Teilweise auf der Höhe des sehr breiten Rückens, teilweise in den Südhängen empor zum Ostgipfel. Rechts des Grates hinab in die Scharte und durch eine Rinne zum Hauptgipfel (leichte Kletterei, Markierungen).

Abstieg über den Hexensee. Kurz über den Grat nach Süden, dann links hinab über Geröll und Gras in den Hexensattel. Vorbei am Hexensee (unbewirtschaftete Hütte) zurück ins Arrezjoch.

Muttler, 3294 m

Hauptgipfel der Samnaunberge – eine Riesenpyramide

Aufstieg-Std.	Gipfelaufbau	Abstieg
4 1/4	Schieferrücken	gleiche Route

Der Muttler zeigt sich so recht als König der Samnaunberge. Er ragt gewaltig über seine Umgebung empor, von überall fällt die dunkle, stumpfe Pyramide ins Auge. Doch je näher man diesem Berg rückt, desto mehr verliert er das Imponierende, ja, er entpuppt sich schließlich als fast reiner Schutt- und Trümmerhaufen. Ein wirkliches Phänomen stellt die Nordwestflanke dar; sie ist auf volle

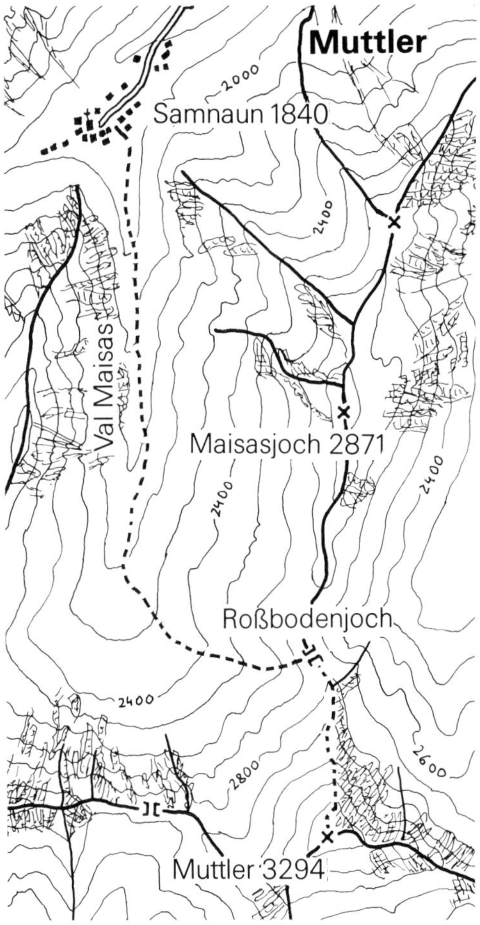

900 m Höhe (!) nahezu gleichmäßig geneigt, so steil, daß niemand an ein Hinaufsteigen denken würde. Und doch zeigt sie keinerlei Fels. Die ganze Flanke besteht aus Schieferschutt! Ein Kuriosum stellt auch die Nordostwand dar, diese einzige echte und immerhin 600 m hohe Felswand des Berges. Mit ihr könnte man jeden Genuß-Kletterer erschrekken, das Gestein besteht nämlich scheinbar nur aus aufeinandergestapelten Schieferplatten. Zum Glück aber gibt es am Muttler auch einen Nordgrat, der die Besteigung durchaus zu einer interessanten Tour macht. Er eignet sich allerdings nicht für Nervöse und Eilige, ist nichts für Schwache und für „unsaubere Geher". Man muß einfach Geduld haben an diesem Berg der großen Dimensionen, wo nicht jede Viertelstunde die Szenerie wechselt, wo alleine der Gipfelgrat 550 m hoch ist! Dafür wird man ständig mit schönen Ausblicken verwöhnt. Unten, in der Val Maisas, fesselt der wilde Felsberg Stammerspitze (3254 m), der direkte Nachbar des Muttlers, das Auge. Oben, im Roßbodenjoch, wird dann der

Gipfelmassiv des Furgglers. Im Hintergrund sieht man die Lechtaler Alpen, rechts des Gratturmes die Parseierspitze, links Eisenspitze und Wetterspitze.

Blick nach Nordosten frei, und beim Gang über den Nordgrat sinken die anderen Samnaunberge wie der Piz Mundin allmählich immer tiefer hinab und geben den Blick auf die Ötztaler Alpen frei. Zum Gipfelpanorama gehören schließlich auch Ortler und Bernina, ja, selbst Zugspitze und Adamello.
Bei trockenem Fels bereitet die Besteigung – von der Länge einmal abgesehen – keine Probleme, sie ist allenfalls im Gipfelbereich wegen des steilen Schuttes etwas mühsam. Doch sollte man darauf achten, daß keine hartgefrorenen Schneefelder die Route blockieren – das läßt sich schon ganz gut von Samnaun aus beurteilen (Fernglas).

Ausgangspunkt ist Samnaun (1840 m) im gleichnamigen Tal, ein zollfreier Ort der Schweiz, in dem oft ein jahrmarktsähnlicher Rummel herrscht. Parken kann man hinter dem Ort am Wegbeginn.
Die Route. Immer links (östlich) des Maisasbaches anfangs auf einem Ziehweg, dann auf einem Steig durch die sehr scharf eingeschnittene Val Maisas. Im Talschluß allmählich nach links und in einer Kehle über immer steileren Schutt (steiler Pfad) ins Roßbodenjoch (2745 m). Auf teilweise auch rechts neben dem hier ansetzenden Nordgrat über Schutt und Platten auf eine Schulter und an die steile Gipfelpyramide heran. Im rutschigen Schiefergeröll gerade empor (Vorsicht bei Schnee, sehr steil!).

Piz Lischana, 3105 m

Aussichtskanzel der Unterengadiner Dolomiten

Aufstieg-Std.	Gipfelaufbau	Abstieg
3 + 2¼	Kalkschutt	evtl. durch Val d'Uina

Fährt man, von Martina kommend, das Unterengadin aufwärts, so begleitet einen im Süden eine besonders bizarre Bergkulisse. Diese gewaltigen, gezackten Felsgipfel tragen – nicht zu Unrecht – die Bezeichnung Unterengadiner Dolomiten, werden sie doch aus Kalken, teilweise aus Hauptdolomit aufgebaut.

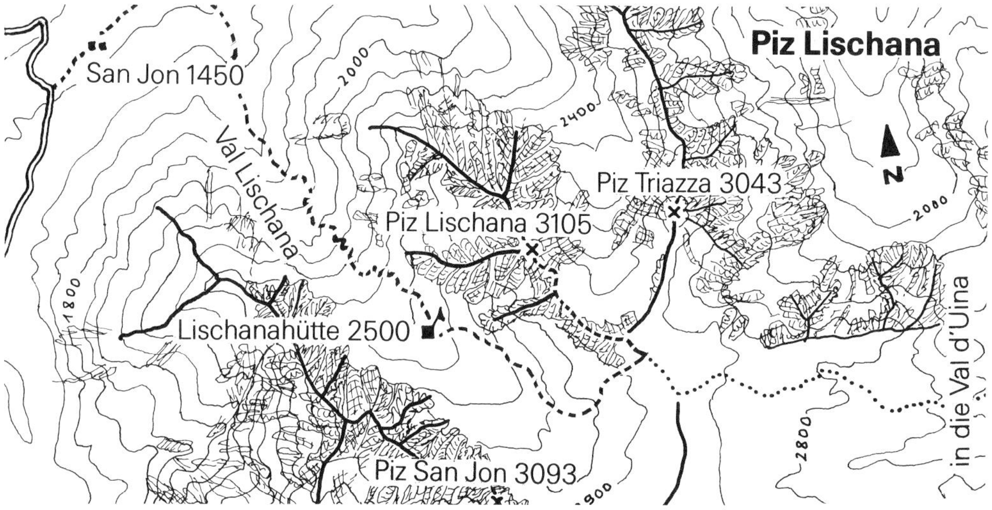

Der bekannteste und höchste Berg in der langen Kette heißt Piz Lischana und ist unverwechselbar durch seinen überhängenden Gipfelkopf. Verblüffend, daß sich diese Felsburg so leicht erstürmen läßt – der Lischanaweg macht's möglich. Dabei hat man dann Gelegenheit, sich diese Felswelt einmal genau anzuschauen. Es war vor allem eine sehr starke Verwitterung, die hier Architekt spielte. So zeigen die Felsflanken eine ungewöhnliche Zerklüftung, sind von tief eingefressenen Schluchten durchzogen, die Rippen tragen Zacken und Türme – ein vielgestaltiges, malerisches Bild. Auch die weiten Schuttflächen sind natürlich ein Zeuge der starken Erosion.
Zu einem ganz großen Erlebnis aber wird die Tour bei einem Abstieg nach Osten. Den darf sich jedoch nur jener leisten, der eine ordentliche Kondition mitbringt und es zudem versteht, sich anhand von Steigspuren und einer guten Karte zu orientieren. Großartig sind das Hochplateau vom Rims mit den gletschergeschliffenen Kuppen und den zahlreichen Seen, die Matten-Idylle bei Großlager, die gewaltige Uinaschlucht und der Blumenwald (jawohl!) des mittleren Uinatales.

Ausgangspunkt sind die Wiesen von San Jon (1450 m). Vom Scoul (Schuls-Tarasp-Vulpera), dem Zentrum des Unterengadins und bekanntem Ferien- und Kurort, mit Pkw 2 km auf der Straße Richtung S-charl.
Zur Lischanahütte. Über die Wiesen zu den Höfen von San Jon. Weiter auf dem Fahrweg nach Osten. Bei der Verzweigung rechts in den Wald und auf einem Weg in die Val Lischana. Zweimal die Bachseite wechselnd im Tal aufwärts, später auf einem Rücken zwischen Latschen, dann über Matten zur Hütte (2500 m, SAC, zeitweise einfach bewirtschaftet).
Von der Hütte zum Gipfel. Anfangs noch auf Gras, doch bald im Kalkschutt immer auf der linken Seite bleibend in den Talhintergrund. Hier öffnet sich linkerhand eine Mulde, durch die man im Geröll oder Schnee gegen den Grat emporsteigt. Kurz unterhalb Wegverzweigung. Links weiter und auf den ersten Gratgipfel. Erst auf der Schneide, dann rechts an einem mächtigen Kopf vorbei in die Scharte vor dem senkrechten Gipfelaufbau. Dieser läßt sich in der linken Flanke gut umgehen.
Abstieg durch die Val d'Uina. Zurück zur Scharte am Südfuß des südlichsten Gratgipfels. Nun nach Osten über das Rims-Plateau (Steigspuren) in die Val d'Uina und auf gutem Weg durch das sehr lange Tal nach Sur En. Mindestens 4 Std.

Flüela Schwarzhorn, 3147 m

Spritztour zum nördlichsten Albulaberg

Aufstieg-Std.	Gipfelaufbau	Abstieg
2½	breiter Rücken	gleiche Route

Die Höhe des Flüelapasses mit ihren Seen wird von zwei wuchtigen Felsgipfeln eingerahmt, dem Weißhorn (3085 m) im Norden und dem Schwarzhorn (3147 m) gegenüber. Natürlich haben die Gesteine für das Aussehen und damit auch für die Namen gesorgt. Bei unserem Ziel, dem Schwarzhorn, schafft die dem Gneis beigemengte Hornblende die so auffallend dunkle Färbung, die einen besonders schönen Kontrast bildet zu dem Minigletscher am Bergfuß und zu den Schneerinnen, die hoch in die steile Nordwand hinaufziehen. Dieses Schwarzhorn ist wirklich ein trotziger

Geselle mit hohen Felsflanken, mit gezackten Graten. Wer würde glauben, daß man ohne allzuviel Mühe, ohne jegliche Kletterei von der Flüelastraße aus in zweieinhalb Stunden dort hinaufsteigen kann?! Der Gipfel hat nämlich sein „kleines Geheimnis". Zwar bricht auch der Südgrat auf beiden Seiten in Wänden ab, doch oben auf dem First verbirgt er eine breite Abdachung, eine Art Pult. Sie verleiht dem Schwarzhorn – von Süden gesehen – nicht nur ein unverwechselbares Aussehen, sie verhilft ihm auch zu seinem leichten Zugangsweg. Zwar schnürt sich der Grat unterhalb der Abdachung noch einmal zusammen und fällt steiler in die Schwarzhornfurgga (furgga = furka = Gabel = Scharte) ab. Doch der Steig hält sich hier an die Flanke, und so bleibt für den Besteiger nur ein kurzweiliges Turnen über Geröll und Blockwerk.

Natürlich stehen dem Schwarzhorn als Aussichtsberg alle „anzeigenüblichen" Prädikate zu – mehr als alles andere imponiert dabei die Riesenpyramide des

Die Nordwand des Flüela Schwarzhorns vom Flüelapaß aus gesehen. Der Aufstieg erfolgt von hinten.

nahen Piz Linard (3411 m), Hauptgipfel der benachbarten Silvretta. Unbekannt aber sind die stillen, unauffälligen Reize der Val Radönt, fehlen ihr doch die Superlative. Wer die Stille liebt, sollte den Weg verlassen, einmal hinüberwandern zu den saftig grünen Rasenflächen mit ihrem Blumenschmuck, den Bächen, Seelein und sich gemütlich ins Gras legen, zuschauen, wie die Wolken um den schwarzen Piz Radönt (3065 m, radönt = rund) und seine gezackten Trabanten ziehen...

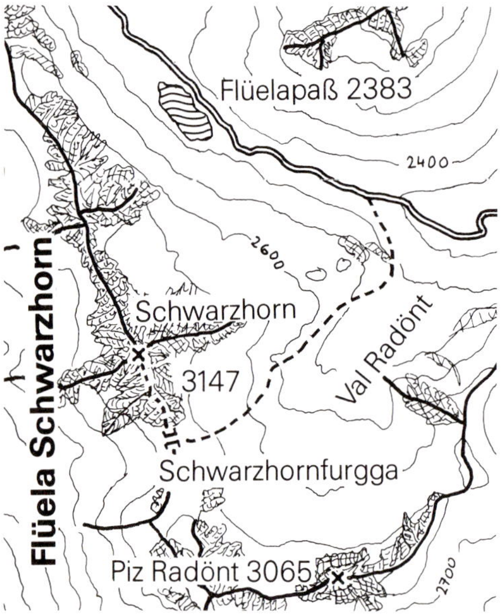

Ausgangspunkt ist der alleroberste Boden des Susascatales (2340 m, 1,3 km östlich der Flüela-Paßhöhe, Schilder). Man erreicht ihn auf der Flüelastraße entweder von Susch im Unterengadin (12 km) oder von Davos (14 km).

Die Route. Von der Straße auf dem guten Steig (Schwarzhornweg) schräg am Hang empor und über eine Geländekante zum Beginn der weiten Val Radönt. Immer oberhalb des Baches bleibend nach Südwesten aufwärts, anfangs über Gras, später meist auf Schutt in die Schwarzhornfurgga (2883 m); die letzten Böden unterhalb der Scharte sind dabei oft bis weit ins Jahr hinein schneebedeckt. Der Grat beginnt mit einer steileren, blockigen Stufe und geht dann in das erwähnte Dach über, das problemlos zum Gipfel führt.

Piz Ot, 3246 m

Die „Hohe Spitze" – ein einsamer, formenschöner Berg

Aufstieg-Std.	Gipfelaufbau	Abstieg
4 1/4	steile Felsflanke	gleiche Route

Von den vier Wege-Dreitausendern des Oberengadins hat jeder seinen ganz eigenen Charakter. Der Munt Pers ist ein gemütlicher Spaziergang mit Super-Nahblicken, der Piz Languard, der „König der Aussichtsberge", eine mittlere Tour, der Piz Güglia bietet eine spannende Bergfahrt im Felsgelände und der Piz Ot schließlich gehört – wohl wegen der Länge des Weges – zu den stillen Zielen. Schaut man von Pontresina hinüber in die Albulaberge, dann fällt ein besonders spitzer, alles überragender Dreikant auf. Das ist der Piz Ot. Diese beiden rätoromanischen Worte lassen sich ganz simpel mit „Hohe Spitze" übersetzen – ein passender Name!

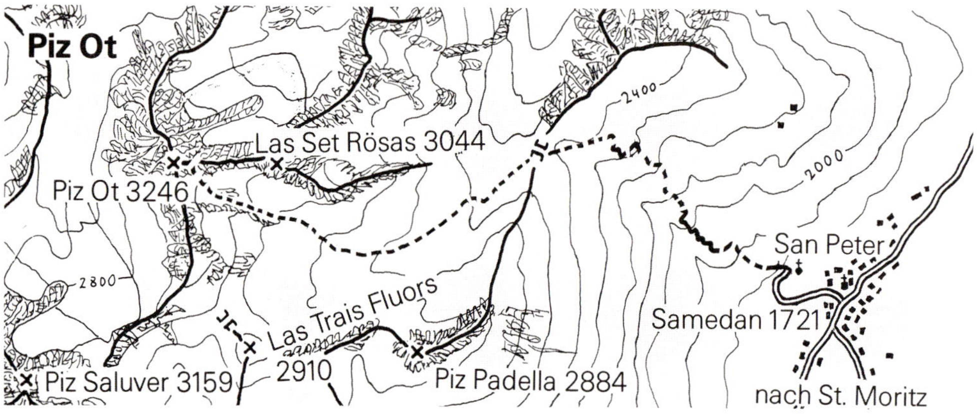

Ein ungewohntes Bild aus dem Oberengadin; aber auch das ist typisch: Blick vom Piz Languard über den Piz Muragl nach Westen auf die Albulaberge mit der Errgruppe, dem Piz Ot und dem Piz Ela. Ganz hinten das Tödimassiv. Die Nebeldecke liegt über dem Inntal im Bereich Samedan und Zuoz.

Trotz der 1450 Höhenmeter gehört der Piz-Ot-Weg zum Reizvollen, zum Abwechslungsreichen, er wird nie langweilig oder gar einförmig. Beim ersten Abschnitt begeistern die Tiefblicke ins Oberengadin und die Schau auf die Berninaberge, die immer mächtiger emporragen, je höher man steigt. Dann folgt das Hochtal Valletta, ein in sich abgeschlossenes Becken mit saftig grünen Matten, einer reichhaltigen Flora, mit klaren Bächen und eingerahmt von den Trais Fluors und den Set Rösas, erstaunlich schroffen Felstürmen. Beim dritten und letzten Abschnitt, oben im Blockwerk und am steilen Gipfelaufbau, wird's noch richtig spannend. Jeder kennt dieses allmähliche Versinken der Nachbargipfel, wenn man selbst zum höchsten Punkt des Gebietes unterwegs ist. Wie mächtig wirkte doch heute morgen noch der Piz Padella. Inzwischen ist er zu einem unscheinbaren Rücken zusammengeschrumpft und wird längst vom Piz Bernina überragt. Mancher Piz-Ot-Aspirant wird immer wieder mit etwas gemischten Gefühlen nach vorne schauen; allzu spitz wächst der Gipfel in den Himmel. Das letzte Wegstück ist auch wirklich keine bequeme Promenade mehr. Die Blöcke und Platten sollten deshalb unbedingt schnee- und eisfrei sein. Nur dann kann man in aller Ruhe hinaufturnen zu diesem stolzen Ziel.

Ausgangspunkt ist das Kirchlein San Peter (1795 m), das am Hang oberhalb von Samedan (1721 m, Betonung auf dem e), dem Hauptort und politischen Zentrum des Oberengadins, liegt.
Die Route. Von San Peter (Schilder) etwas nach links und am Bach entlang zum Waldrand. Zwischen Arven und Lärchen rasch empor zur Alp Muntatsch und wieder etwas nach links auf eine breite Bergschulter. (Hier Abzweigung zum Piz-Padella-Ostgipfel.) In die weiten Talböden dahinter und an der Funtauna Fraida, der „kalten Quelle", vorbei immer nach Westen, schließlich nach Nordwesten in das blockgefüllte Kar unter dem Piz Ot. Über eine Rippe und einen steilen Geröllhang (evtl. Schnee) an den Gipfelaufbau heran. Nach rechts zum Grat und in dem recht steilen Gelände auf den Gipfel.

Piz Güglia, 3381 m

Anspruchsvolle Hochtour auf einen großen Felsberg

Aufstieg-Std.	Gipfelaufbau	Abstieg
3¾	langer Ostgrat	gleiche Route

Den Piz Güglia besteigt man nicht wegen der Aussicht, selbst wenn man diese mit Superlativen beschreiben könnte. Schließlich überragt dieser Berg seine Umgebung um Haupteslänge, nichts steht im Weg für einen völlig freien Blick. Dabei imponiert vor allem die Berninagruppe gleich gegenüber, jenseits der breiten Talfurche mit den Oberengadiner Seen. Nein, am Güglia lockt das Bergsteigerische, das spannende Erlebnis, die Freude, ein so gewaltiges Ziel zu bezwingen. Von welcher Seite man den Piz Güglia auch betrachtet, er präsentiert sich immer als mächtiges Felskastell mit langen Graten und fast schwarzen Felswänden bis zu 500 m Höhe. Besonders eindrucksvoll schaut er von Norden aus, wo in die Felsabstürze zwei Gletscherchen eingelagert sind und der begrenzende Grat senkrecht in eine Lücke abfällt. Das ergibt jenes unverwechselbare Bild, das man selbst schon aus den Straßen von St. Moritz bewundern kann.
Ein alpiner Neuling hat am Piz Güglia nichts „verloren". Für diese Tour muß man Erfahrung mitbringen, geschickt im Geröll und im schrofigen Fels sein, trittsicher und selbstverständlich schwindelfrei. Auch sollte man warten, bis die Felsen oben am Ostgrat schnee- und eisfrei sind; eventuell wird man sich über den Zustand des Weges unten im Tal erkundigen. Doch wer die Bedingungen erfüllt, der wird viel Spaß an dieser Tour haben, an dem Turnen über den Grat, der sich so mächtig über einem auftürmt, der sich so lange nach Westen hinzieht. Natürlich braucht niemand unserem Vorschlag zu folgen und die Tour mit einer (teuren) Bergbahnfahrt zum Piz

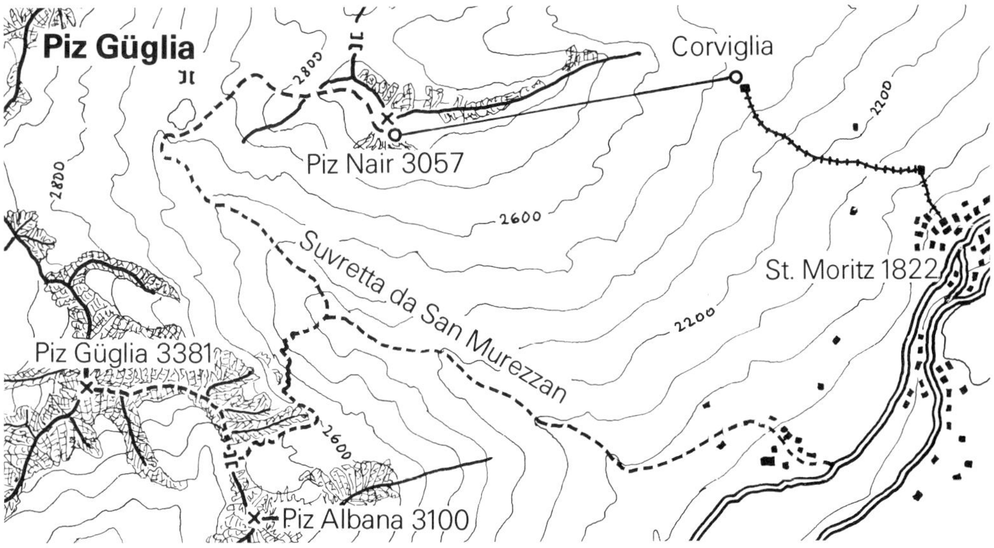

Linkes Bild: Die Südabstürze des Piz Güglia. Der Aufstieg folgt dem Grat von rechts, schwierigere Stellen werden in der sichtbaren Flanke umgangen.

Aufnahme der folgenden Doppelseite: Blick vom Munt Pers auf Piz Bernina und Piz Morteratsch. Dieses Foto zeigt nur einen kleinen Ausschnitt des grandiosen Panoramas, das man von diesem unauffälligen Berg (oberhalb der Diavolezza) genießt. Man kann aber durchaus das Gewaltige dieser Bernina-Eisriesen erahnen. Vom Piz Bernina zieht nach rechts der berühmte Bianco-Eisgrat herab; in der Tiefe sieht man ein Stückchen des Morteratschgletschers.

Nair beginnen. Der Zugang von Suvretta unten im Tal von St. Moritz dauert kaum länger, ist aber natürlich nicht so reich an großen Eindrücken. Vor allem fehlt dann der von gegenüber besonders faszinierende Blick auf das heutige Ziel.

Ausgangspunkt ist der Piz Nair (3057 m), den man von der Oberengadiner Metropole St. Moritz mit den Bahnen über Corviglia erreicht. Der Talort gehört zu den berühmtesten Kur- und Ferienzentren der Alpen, es gibt entsprechende Hotels und Geschäfte.

Die Route. Von der Bergstation auf dem Piz Nair nach Nordwesten, also in die dem Piz Güglia entgegengesetzte Richtung, dann links hinab zum Lej Suvretta. Durch das Suvrettatal auswärts zur Wegverzweigung (2311 m, 1 Std.). Jetzt nach Süden über die Steilhänge in Serpentinen aufwärts, nach links um eine Felsecke und durch das Blockkar Padriöl in die tief eingeschnittene Fuorcla Albana. Anfangs meist im Geröll, später teilweise über Fels auf und südlich des mächtigen Grates, mit einiger ganz leichter Kletterei noch 500 Höhenmeter (!) zum Gipfel.

Piz Languard, 3262 m

König der Aussichtsberge und Steinbockrevier

Aufstieg-Std.	Gipfelaufbau	Abstieg
2¾ Std.	Block- und Felshänge	über Paradis-Hütte

Innerhalb unseres Themas „Dreitausender mit Weg" ist der Piz Languard der Idealberg schlechthin. Hier paßt alles zusammen. Der Steig von der Alp Languard hinauf zur Georgy-Hütte, die sich in 3160 m Höhe zwischen die Felsen duckt, läßt sich recht mühelos begehen; das ist echte Schweizer Qualitätsarbeit. Dazu kommt der grandiose Berninablick von unserem „König der Aussichtsberge". Alle Eisgipfel des Morteratschbekkens stehen Parade, der Piz Palü mit seiner Nordwand, der Piz Zupò (3996 m), zweithöchster Gipfel der Gruppe und wegen seiner versteckten Lage (zupò = versteckt) nahezu unbekannt, der Piz Bernina (4049 m) mit der leuchtenden Eisschneide des Biancogrates, der Piz

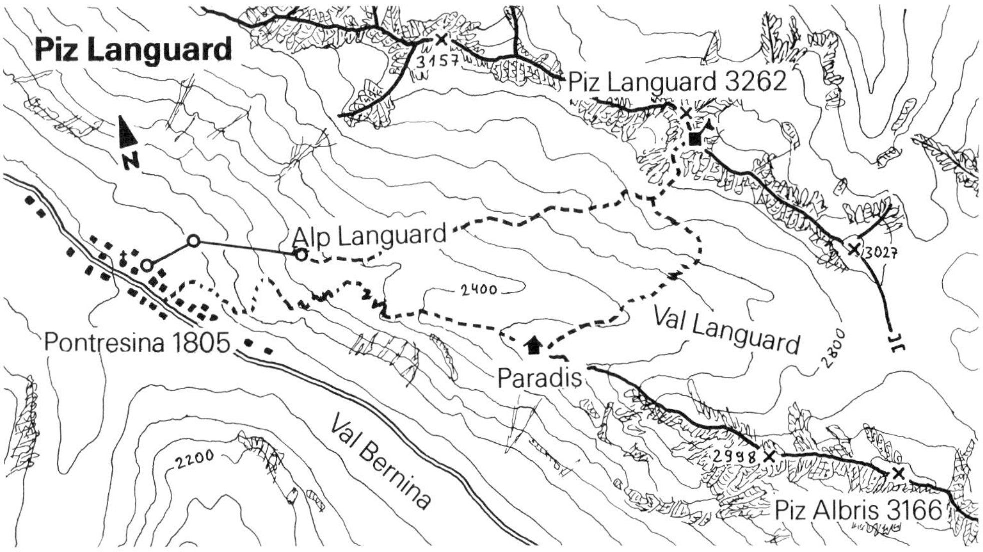

Morteratsch und wie sie alle heißen. Auch in andere Richtungen ist der Blick völlig frei, etwa hinüber in die Ortlergruppe, denn der Piz Languard überragt ja seine Umgebung um ein gutes Stück.

Ein Glückspilz kann zudem beim Aufstieg plötzlich einem Steinbockrudel sozusagen Auge in Auge gegenüberstehen. Schließlich ist der Piz Albris, der gleich jenseits der Val Languard aufragt, die Heimat des gesamten Engadiner Steinwilds. Es hat sich in den letzten fünfzig Jahren außerordentlich vermehrt und dabei sein Revier immer weiter und weiter ausgedehnt. Besonders günstig für eine Begegnung ist die Wanderung quer durch das Tal hinüber zur Paradis-Hütte. Oft kann man dabei dieses königliche Wild in aller Ruhe beobachten, ist es doch viel weniger scheu als zum Beispiel unsere heimische Gemse. Den Ausflug ins Paradis – wer würde es nicht gerne schon einmal zu Lebzeiten sehen! – kann man auch aus anderen Gründen empfehlen: Von diesem Bergrücken (mehr verbirgt sich hinter dem Namen nicht) begeistert der Blick hinab ins Berninatal, das fast senkrecht unter einem liegt. Und von dort zeigt sich auch der Piz Languard als erstaunlich imposante und schroffe Pyramide; man mag es kaum glauben, daß man noch vor kurzem dort oben stand.

Ausgangspunkt. Talort ist Pontresina (1805 m), die bekannte Bergsteigermetropole des Oberengadins. Etwa aus der Ortsmitte führt ein Sessellift bis kurz über die Alp Languard (Bergstation 2262 m).

Die Route. Von der Bergstation auf sehr gutem Weg schräg an den Hängen empor zum Felsfuß des Languard (bis hier meist Gras). Nun in Kehren über Geröll und Blockwerk zur Georgy-Hütte und auf dem dann etwas kleineren Steig zum Gipfel.

Abstiegsvariante. Zurück zum Bergfuß des Languard. Bei der ersten Verzweigung links, bei der nächsten rechts und hinab in die Val Languard. Kurzer Gegenanstieg zur Paradis-Hütte (2540 m). Über den Rücken, dann durch den Languardwald zurück nach Pontresina. Etwa 1½ Std. länger als der direkte Abstieg.

Munt Pers, 3207 m

Vis-à-vis von Piz Palü und Biancograt

Aufstieg-Std.	Gipfelaufbau	Abstieg
3/4	flacher Grat	evtl. über Bovalhütte

In jedem der ganz großen Berggebiete der Alpen gibt es eine oder mehrere Aussichtslogen mittlerer Höhe, die man leicht und schnell erreichen kann, und von denen aus sich die Stars unter den Alpengipfeln ganz besonders gut bewundern lassen. Im Gebiet des Matterhorns etwa wäre dies der Gornergrat oder auch das Oberrothorn, im Montblancmassiv Montenvers oder der Mont Chétif drüben bei Courmayeur und in der Berninagruppe ist dies der Munt Pers. In einem Halbkreis umgeben ihn alle großen Gipfel des Morteratschbeckens. Im Süden – nur vier Kilometer entfernt! – steht der Piz Palü mit seiner so formschönen, 900 m hohen Nordwand, und den Talhintergrund füllt der Piz Bernina (4049 m), der König des Gebietes und einziger Viertausender der Ostalpen. Man schaut auch genau auf den Biancograt, die wohl berühmteste Firnschneide überhaupt. Genau zu unseren Füßen aber fließen Pers- und Morteratschgletscher vorbei; zusammen bilden sie einen Eisstrom von zehn Kilometern Länge! Für den alpin Erfahrenen bietet sich dort ein einzigartiger Rückweg ins Tal an, den man aber nur dann einschlagen darf, wenn die Gletscherzungen völlig frei von Schnee sind. Wer stürzt schon gerne in eine versteckte Spalte! Außerdem ist einwandfreies Wetter nötig, denn beim Überqueren der beiden Eisströme, ein faszinierender Gang zwischen geheimnisvoll tiefen Klüften auf erstaunlich griffigem, porösem Eis, gibt es ja keine Wege, nur ein paar Steinmänner weisen die Richtung.

Ausgangspunkt ist die Seilbahnstation auf der Diavolezza (2973 m). Die Talstation liegt im oberen Berninatal, das man vom Bergsteigerort Pontresina (1805 m) mit dem Auto oder der Berninabahn erreicht, 9 km.

Die Route. Auf deutlichen Wegspuren teilweise auf dem Grat, teilweise in der südseitigen Flanke über Schutt und ein paar Felsen mühelos auf den Gipfel.

Abstiegsmöglichkeit. Nochmals: Diese Route darf erst begangen werden, wenn die unteren Eisströme schneefrei sind und dadurch die Spalten offen liegen (sich auf der Diavolezza erkundigen!). Vom Haus auf dem Weg nach Westen hinab und über die Moräne auf den Persgletscher. Nahezu waagrecht über den Eisstrom nach Südwesten (auf keinen Fall zu weit nach rechts!) und auf die gegenüberliegende Moräne. Hier wieder Steig. Zwischen runden Felsen kurz aufwärts auf die Isla Persa und drüben steil hinab zu einem malerischen Moränensee. Im Bogen um ihn und auf den Morteratschgletscher. Zwischen einigen Spalten auf dem kürzesten Weg (wichtig!) quer über das Eis ans jenseitige Ufer. Erst jetzt nach rechts auf dem Weg unterhalb der Bovalhütten hindurch und 4 km talaus nach Morteratsch (1988 m, Station der Berninabahn, Gehzeit ab Diavolezza mindestens 3½ Std.).

Piz Umbrail, 3033 m

Aussichtsbalkon über der Stilfserjochstraße

Aufstieg-Std.	Gipfelaufbau	Abstieg
13/4	feiner Kalkschutt	über Lai da Rims

Beim gemütlichen Bummeln vom Umbrailpaß hin zum Bergfuß des Piz Umbrail kann man interessante Studien treiben. Ich meine nicht jene Verteidigungsanlagen der Schweizer gegen Italien – sie bestehen lediglich aus ein paar Mauern und Unterständen, nein, ich meine Studien geologischer und damit auch botanischer Art. Hier stoßen zwei recht gegensätzliche Gesteine aneinander, brauner Gneis und hellgrauer Hauptdolomit. Das erstere zaubert die saftig grünen Matten hervor mit ihrem ausgesprochen reichen und vielfältigen Blumenschmuck. Das zweite bildet die grauen, nahezu vegetationslosen Schutthalden. Dort gibt es nur noch wenige Blütenpflanzen, sogenannte Schuttkriecher wie den gelben Alpenmohn. Die Grenze könnte nicht schärfer und auffallender sein. Der feine Kalkschutt prägt auch

Der Piz Languard in seiner typischen Kegelform, hier von Nordwesten gesehen. Über seine Schultern schauen rechts der Piz Palü mit der Nordwand, links der Piz Caral mit dem Verbindungsgrat zum Piz Cambrena.

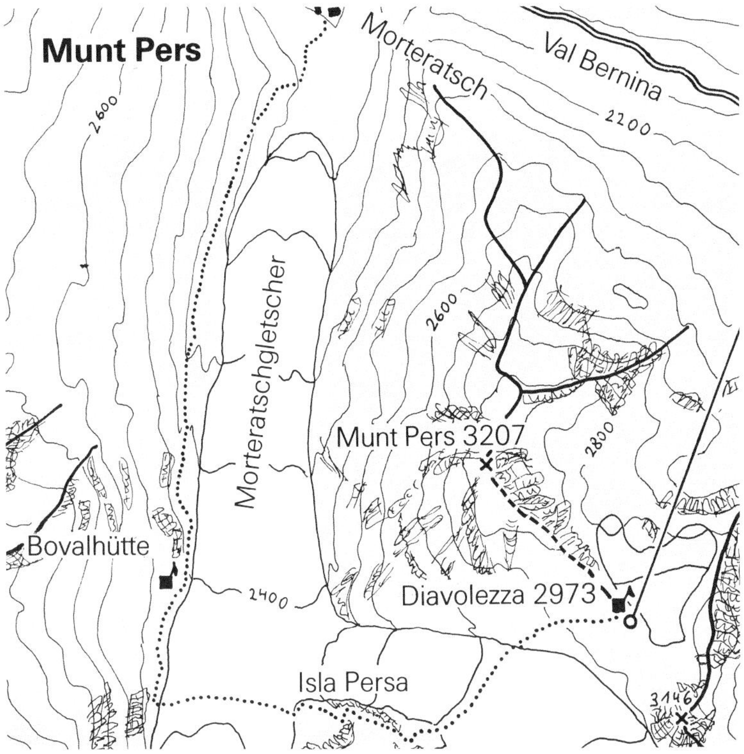
Munt Pers
Morteratsch
Val Bernina
2200
2600
Morteratschgletscher
2600
2800
Munt Pers 3207
Bovalhütte
2400
Diavolezza 2973
Isla Persa
3146

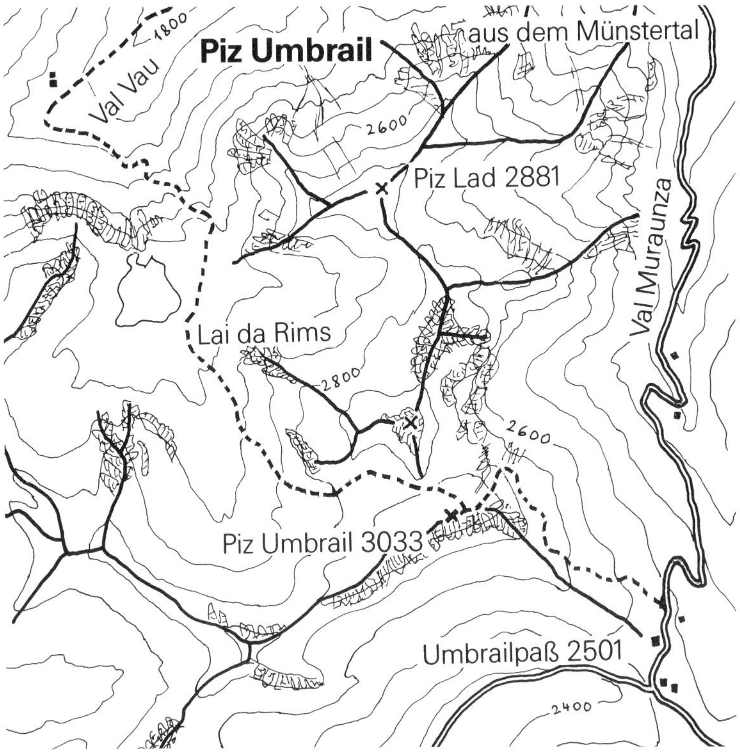
Val Vau
1800
Piz Umbrail
aus dem Münstertal
2600
Piz Lad 2881
Val Muraunza
Lai da Rims
2800
2600
Piz Umbrail 3033
Umbrailpaß 2501
2400

das Bergsteigerische unserer Tour. Man trifft hier auf sehr unterschiedliche Verhältnisse. Ist der Weg aper und ordentlich hergerichtet, dann gibt es üblicherweise keine Schwierigkeiten. Doch in der geschützten Nordostflanke hält sich lange der Schnee – und in diesem glatten, steilen Gelände ist das nicht jedermanns Sache. Man muß dann warten, bis der Schnee wenigstens gut aufgefirnt ist. Über die Aussicht soll hier nicht viel gesagt werden, sie ähnelt jener der Rötlspitze, nur der Ortler ist ein Stück weitergerückt. Doch es gibt einen besonderen „Gag“: Man schaut über die Südwand fast senkrecht auf die Stilfserjochstraße im oberen Brauliotal hinab und kann dabei fast den Autos auf's Dach spucken (ist natürlich etwas übertrieben). Zudem entdeckt man im Südwesten einen mächtigen, formenschönen Eisberg, den kaum jemand kennt. Das ist die Cima di Piazzi (3439 m).

Wer mehr als eine Spritztour unternehmen will, der steigt vom Piz Umbrail nach Nordwesten zum erstaunlich großen Lai da Rims (lai = See auf rätoromanisch) ab, der auf drei Seiten von gezackten Felsgipfeln eingerahmt ist. Der Weiterweg führt durch die Val Vau zurück nach Sta. Maria.

Ausgangspunkt. Umbrailpaß (2501 m, Grenze Schweiz/Italien). Zufahrt aus dem Münstertal durch die unbewohnte Val Maisas (auch Busverkehr, wichtig bei Rundtour) oder vom Stilfserjoch (siehe Rötlspitze).

Vom Paß zum Piz Umbrail. Direkt nördlich des Schweizer Zollhauses beginnt der Steig. Über weite Böden an den Bergfuß. Nun schräg rechts über die Geröllfelder in die Nordflanke und steil über Schutt und Schrofen (häufig Schnee) nach rechts auf eine Rippe. Über sie auf den Grat und die beiden fast gleichhohen Gipfel.

Abstieg über Lai da Rims. Aus dem Sattel zwischen den beiden Gipfelköpfen nach Norden über Schutt (Schnee) in die Scharte südlich des Piz Chazfora. Nach Westen, dann nach Norden über weite Böden zum malerischen Lai da Rims (2396 m). Rechts oberhalb vorbei und über eine Steilstufe in die Val Vau. Talaus nach Sta. Maria. $2^1/_2$ bis 3 Std.

Rötlspitze, 3025 m

Letzter Münstertaler Vorposten Richtung Ortler

Aufstieg-Std.	Gipfelaufbau	Abstieg
$1^1/_4$	leichter Ostgrat	evtl. nach Norden

Die Rötlspitze ist der Berg der Gegensätze, hier lassen sich die unterschiedlichsten Eindrücke gleichsam im Zeitraffer sammeln. In der Hotel- und Geschäfts-Siedlung auf der Höhe des Stilfserjochs herrscht an manchen Sommertagen ein Trubel wie auf einem südländischen Jahrmarkt. Steigt man dann zur **Dreisprachenspitze** (2843 m; drei Sprachen: deutsch, italienisch, rätoromanisch) hinauf, beginnt sich das Durcheinander rasch zu entwirren, und beim Weiterweg zu der – ja wahrlich nahen – Rötlspitze trennt sich endgültig die Spreu vom Weizen. Oben auf diesem Felsgipfel, der mit schönen, auffallend roten Wänden (Name!) nach Süden abbricht, trifft man nur noch wenige Gleichgesinnte. Ähnlich krasse Gegensätze präsentiert die Aussicht. Im Süden und Südosten leuchten die Ortlerberge in ihrem schneeweißen Gewand, ganz nahe ist König Ortler (3899 m) höchstpersönlich, eine unverkennbare Gestalt dank der oben abgeflachten Eiskalotte und unverwechselbar wegen seiner alles überragenden Höhe.

Ganz anders ist der Blick nach Westen. Hier schaut man auf eine kleinräumige Berglandschaft bunt gemischt mit hellen und dunklen Farben, mit spitzen Felsgipfeln... Und noch ein Gegensatz: Im Süden haben die Menschen der Bergwelt ihren Stempel aufgedrückt, es gibt Straßen, Hotels, Lifte, Bahnen. Die Val Costainas hingegen, die vom Gipfel nach Norden hinabzieht, zeigt ein vollkommen ursprüngliches Bild, eine Berglandschaft, wie sie ausschließlich von den Gletschern und der Erosion gestaltet wurde. Um die Gegensätze so recht nahe zu spüren und zu erleben, sollten wir dort hinabsteigen (illegaler Grenzübergang), über diese weiten weglosen Böden – und in echter Einsamkeit. Dort begegnet man nur Gemsen und Kühen und vielleicht einem Hirten.

Ausgangspunkt. Punt Teal (1883 m) in der Val Muraunza, einem südlichen Nebental des Münstertales. Von dort mit

Das Foto auf der linken Seite läßt nicht nur die imponierende Größe eines Gletschers ahnen, es dokumentiert auch, daß man zurecht von einer Gletscher„zunge“ spricht. Wir schauen über den Morteratschgletscher auf den Piz Bernina (mit Biancograt) und auf die Bella Vista. Auf der Moräne ganz rechts verläuft der Weg zur Bovalhütte.

dem Bus zum Stilfserjoch (2757 m), dem höchsten Straßenpaß der Ostalpen (Grenzüberschreitung).

Vom Stilfserjoch auf die Rötlspitze. Vom Joch auf die nahe Dreisprachenspitze und über den breiten Rücken in die Scharte am Fuß der Rötlspitze. Ganz kurz gerade empor, dann nach rechts durch die schrofige Flanke auf kleinem Steig (große Vorsicht bei Schnee!) auf den Ostgrat. Leicht über den Grat zum Gipfel.

Abstiegsmöglichkeit durch die Val Costainas. Über den Ostgrat zurück. Wo der Aufstiegsweg nach Süden abbiegt, nach Norden über Schutthänge in den Talboden hinab und am besten rechts des Baches bleibend weit talaus zur Alp Prasüra (kein Weg, doch bei gutem Wetter mühelos zu finden). Auf dem Alpweg hinab in die Val Muraunza. $1^3/_4$ Stunden.

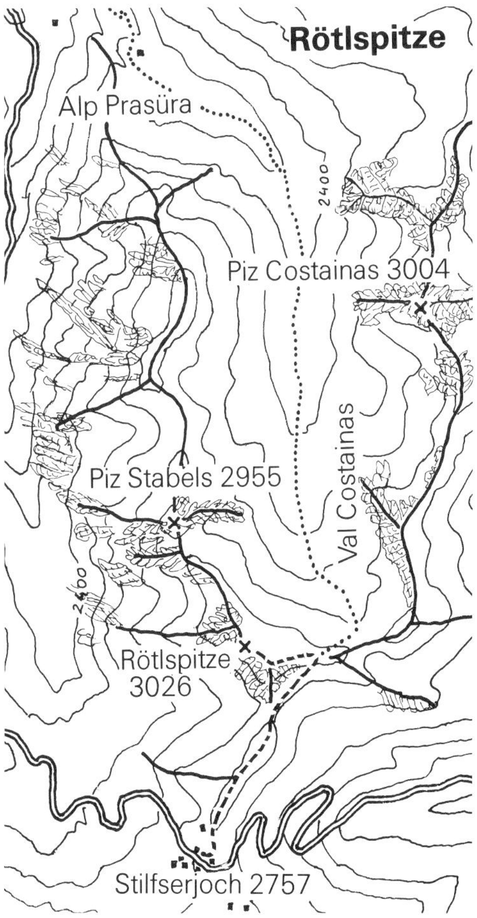

Südtirol

(plus Anhängsel im Süden und Osten)

Rückblick vom Klettersteig zum Cristallo di Mezzo auf die Lorenzihütte und die Bergstation des Liftes. Links der Weiterweg zum Cristallino d'Ampezzo mit der – recht schwankenden – Hängebrücke.

Keine andere in unserem Buch beschriebene Region wartet mit so starken Kontrasten auf wie Südtirol. Die tiefe Furche des Etschtales – Bozen liegt nur 262 m hoch! – mit dem mediterranen Klima, mit den Weinbergen und Obstgärten schneidet diese Landschaft in zwei recht gegensätzliche Hälften. Im Westen thronen die großen Eisberge von Ortler- und Adamellogruppe, die bis in eine Höhe von 3899 m aufsteigen, der Osten hingegen wird von den Kalkzinnen der Dolomiten beherrscht. In dem weiten Gebiet lassen sich unzählige Ziele im Sinne dieses Buches aufspüren. Viele Modeberge sind darunter wie etwa die Suldenspitze im Ortlermassiv oder gar der Sass Rigais über dem Grödnertal. Doch es gibt auch manches Unbekannte – oder haben Sie schon einmal von einer Punta di Ercavallo und von einem Cunturines gehört, oder war Ihnen bewußt, daß aus dem Pfelderertal ein gletscherfreier Steig zur Hochwilde – und zwar zum höheren Südgipfel – hinaufführt? Man hätte ein Buch fast ausschließlich mit diesen Zielen füllen können. Bei unserem knapp bemessenen Raum aber war ein Auswählen notwendig, und die Grundtendenz hieß dabei: viel Abwechslung, ein Kennenlernen der unterschiedlichsten Täler, der so verschiedenen Arten von Bergen und Wegen dorthin, von harmlosen und steilen, von beliebten und einsamen, von Gipfeln aus Gneis, aus Schiefer, aus Kalk... Besonderes Kopfzerbrechen aber bereitete die Auswahl der Ziele in den Dolomiten. Was kann man noch als Weg bezeichnen? Ihnen sind ja sicher jene Vie Ferrate ein Begriff, die Klettersteige mit Drahtseilen, Stiften, Leitern usw., die zum Teil durch beängstigend steile Wände führen. Nachdem es eigene Bücher zu diesem Thema gibt, haben wir lieber das allzu Anspruchsvolle wie etwa die Civetta weggelassen. Es soll niemand „in Versuchung" geführt werden. Und ist nicht eine Tour, die man in Ruhe genießen kann, letzten Endes doch etwas Schöneres als jene Zitter-Ziele, auch dann, wenn es sich mit ihnen nachträglich so schön angeben läßt?! Und wir bieten sowieso in den Dolomiten noch manches Steile und manches Ausgesetzte, das den Zentralalpenbergsteiger, der ja keine so jähen Abbrüche, keine senkrechten Wände gewöhnt ist, genug beeindrukken wird. Ja, wer das erste Mal in die Dolomiten kommt, der sollte sich vielleicht mit etwas bescheideneren Zielen wie dem Piz Boe oder dem Südanstieg zum Sass Rigais erst einmal an das Besondere des wildesten Kalkalpengebietes gewöhnen.

Tschenglser Hochwand, 3375 m

Gewaltiger Felsberg – 2500 m über dem Vintschgau

Aufstieg-Std.	Gipfelaufbau	Abstieg
2 1/2	versicherter Steig	auf „roter Route"

Tschenglser Hochwand – das ist ein vornehmes Gipfelziel, das Nonplusultra für alle (etwas trittsicheren) Wege-Bergsteiger! 2500 m überragt das breitgelagerte Massiv den Vintschgau, 600 m ist die Nordwand, 300 m die Südflanke hoch, und die Grate strotzen von wilden Felszacken. Der Zugang begeistert durch seine Vielfalt – malerisch sind vor allem die Blockfelder mit Riesentrümmern bis zu Hausgröße; und der Gipfelaufbau sorgt für echte Spannung. Der sehr aktive Wirt der Düsseldorfer Hütte hat nämlich über die Südrippe eine Art Klettersteig gebaut. Dieser führt immer wieder über felsige Stufen und ist deshalb mit Drahtseil und sogar mit ein paar Leitern gesichert. Man spart sich damit das etwas mühsame Gehen über das Schutt(Schnee)feld der alten Route, die heute fast nur noch im Abstieg benützt wird (sie ist einfacher). Zum Außergewöhnlichen unseres Berges gehört natürlich auch der ständige Blick auf die berühmt-berüchtigten Nordwände von Ortler (3899 m), Zebru und Königsspitze (3859 m) – berüchtigt wegen der ungewöhnlichen Brüchigkeit des Gesteins und der damit verbundenen besonders großen Steinschlaggefahr. Diese Kette liegt weit ausgebreitet genau gegenüber, jeder Eiswulst, jeder Felssporn läßt sich mit bloßem Auge erkennen. In den gesamten Alpen gibt es nur wenige Bilder von derartiger Wucht und Größe.
Noch ein Tip: Beim Abstieg sollte man es nicht zu eilig haben, denn die Böden knapp oberhalb der Hütte laden so recht zum Faulenzen und Träumen ein. Das ist ein herrlicher Bergwinkel mit Gras, Blumen, Bächen, vom Gletscher gerundeten Felsen, zu denen die fast schwarze Vertainspitze (3544 m) und der Angelus mit seinen Eisfeldern den Hintergrund bilden. Oder man setzt sich vor die Hütte und genießt bei Apfelstrudel oder Knödelsuppe den Blick auf das Ortler-Dreigestirn.

Ausgangspunkt ist die Düsseldorfer Hütte (2721 m, CAI, bewirtschaftet) im Zaytal. Von Sulden, dem Bergsteigerzentrum in der nördlichen Ortlergruppe, mit dem Sessellift auf die Kanzel (2350 m). Von dort auf breitem Weg über Matten und durch gewaltige Blockfelder zur Hütte (1 1/4 Std).
Die Route. Über Wiesenböden und durch Riesenblockfelder zu einem schön gelegenen Moränensee. Wegverzweigung. Nach links hinüber zum Bergfuß. Nun der wenig ausgeprägten Südrippe folgend mit einigen leichten Kletterstellen (Versicherungen) auf den Hauptgrat. Keine Steine abtreten, sie gefährden Nachkommende! Über Platten und Schneeflecken nach rechts zu dem noch ein gutes Stück zurückliegenden Gipfel. Beim Abstieg kann man auf die rot markierte Route ausweichen, die länger in Gratnähe bleibt, um „Gegenverkehr" auf der Südrippe zu vermeiden. Evtl. Schnee in der großen Rinne.

Hinteres Schöneck, 3128 m

Aussichtskanzel für die Ortler-Nordwand

Aufstieg-Std.	Gipfelaufbau	Abstieg
1 1/4	steiler Steig	direkt nach Sulden

Von der Tschenglser Hochwand zieht ein Kamm nach Südwesten, der eine ganze Reihe auffallend kantiger, rostroter Felszacken trägt. Das ist die Schöneckschneide. Der letzte hohe Punkt in diesem Grat trägt den Namen Hinteres Schöneck. Man kann ihn als die Ortler-Aussichtskanzel schlechthin bezeichnen. Er liegt den mehr als tausend Meter hohen Nord- und Ostabstürzen genau gegenüber – und zwar in idealer Höhe, so weit über dem Tal, daß der Blick frei und hindernislos ist, und doch noch so tief, um dem Ortler nichts von seiner majestätischen Größe zu rauben. Das Wort „majestätisch" kann sich jedoch nur auf die Form und die Höhe des Berges beziehen, vom Gestein her würde eher die Bezeichnung „steiler Schutthaufen" passen. Der Ortlerkalk ist nämlich ungewöhnlich brüchig, was die riesigen, mattgrauen Geröllhalden am Bergfuß recht eindrucksvoll demonstrieren. Das geht so weit, daß sich an manchen Stellen die mit Felstrümmern bedeckten Gletscherfelder nicht mehr von den richtigen Schutthalden unterscheiden lassen.
Im Gegensatz zu seinen schroffen Nachbarn läßt sich das Schöneck leicht erreichen, ja, es führen sogar zwei angelegte Steige dort hinauf. Wenn man eine Nacht in der freundlichen, so herrlich gelegenen Düsseldorfer Hütte (Vertainhüt-

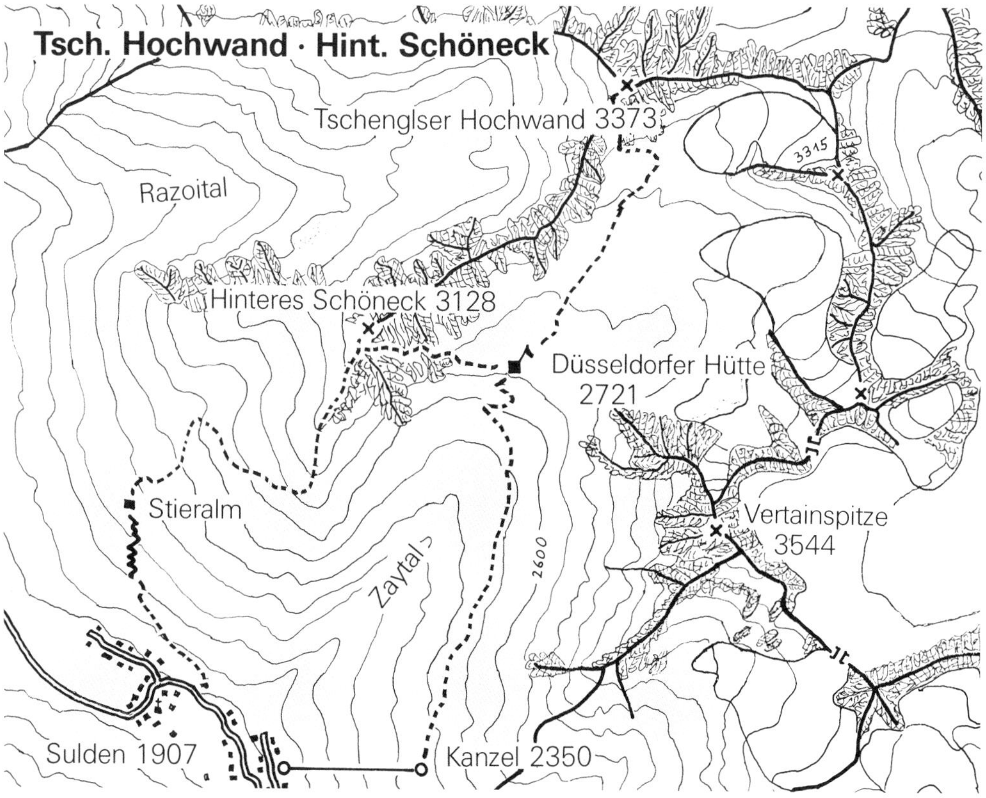

te) bleibt, eignet es sich zudem ideal für eine Kombination mit der Tschenglser Hochwand. Man kann dann entweder von Sulden auf dem so aussichtsreichen Steig über die Stieralpe und das Vordere Schöneck zu Fuß heraufkommen (4 Std.), in der Hütte schlafen, um am nächsten Morgen die Hochwand zu erstürmen. Oder man macht sich's gemütlicher, fährt mit dem Kanzellift, besteigt die Hochwand am ersten Tag, das Schöneck dann am zweiten über die Osthänge – das schaut von der Hütte steiler aus, als es in Wirklichkeit ist – und wandert schließlich über den langen Weg nach Sulden hinab.

Ausgangspunkt und Düsseldorfer Hütte siehe Tschenglser Hochwand.

Von der Hütte zum Gipfel. Nach Westen über den Bach und stets etwas nach links über Geröll, später über sehr steiles Gras und ein paar Felsen (Versicherungen) zum Grat und zum Gipfel.

Der direkte Zugang von Sulden. Bald nach der großen Straßenbrücke über den Suldenbach auf den Wegen Nr. 18 oder 19 durch Wald nach Norden aufwärts zur Stieralm. Bei der Verzweigung rechts weiter über Wiesen und durch eine Mulde bis in 2500 m Höhe. Nun stark nach rechts über die ziemlich steilen Hänge schräg empor zum abgerundeten Südgrat und zum Vorderen Schöneck (2908 m). Immer auf dem Rücken bleibend zum Gipfel.

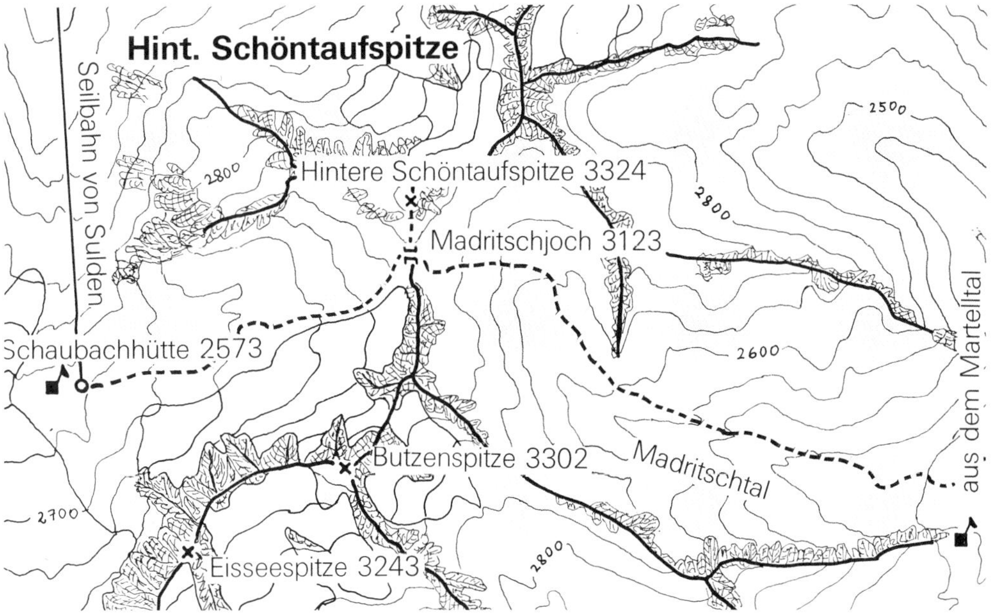

Hintere Schöntaufspitze, 3324 m

Problemlose Spritztour auf einen hohen Ortlerberg

Aufstieg-Std.	Gipfelaufbau	Abstieg
2	Schuttrücken	evtl. ins Martelltal

Seit dem Bau der Seilbahn von Sulden zur Schaubachhütte ist die Hintere Schöntaufspitze zum „schnellsten und billigsten" der großen Ortler-Dreitausender geworden. Und trotzdem kann man diese Tour nicht uneingeschränkt anpreisen. Zu sehr hat die Landschaft unter dem Liftbau und den Erdverschiebungen gelitten. Die Hänge und der einst so schöne, ruhige Boden, wo heute die Madritschhütte steht, zeigen häßliche Wunden. Erst nachdem man über Schutt- und Firnhänge das Madritschjoch erreicht hat, kehrt man wieder in die Ursprünglichkeit des Hochgebirges zurück. Doch versöhnt dann das letzte Wegstück über den Südgrat hinauf zur erstaunlich weiten Gipfelfläche – einem richtigen Faulenzerplateau. Immer großartiger wird dabei der Blick, nach Westen auf die ganz großen Ortlerberge, nach Osten und bald auch in südlicher Richtung zum Cevedale, ist die Schöntaufspitze doch höher als der südlich vorgelagerte Madritschkamm.

Man kann diesen Berg aber auch in fast entgegengesetzter Weise erleben, ohne aufgerissene Hänge, ohne Menschenmengen, in relativ stiller – aber viel längerer – Wanderung durch ein ganz in sich abgeschlossenes Hochtal in typischer Zentralalpenart, mit letzten mächtigen Zirben am Beginn, einem rauschenden Bergbach, Mattenböden, Blockkaren, Schneefeldern. Das ist das Madritschtal, ein kurzer Nebenast des obersten Martelltales, das gerade beim großen Parkplatz am Straßenende abzweigt. Nach gut drei Stunden erwartet den Aufsteigenden dann oben im Joch eine ganz große Überraschung: Von einem Schritt zum anderen steht er dem Ortler-Dreigestirn gegenüber, der eindrucksvollsten Bergszenerie in ganz Südtirol. Es dominieren dabei die mehr als 1000 m hohen Nord- und Ostwände der Königsspitze. Wie immer in solchen Fällen ist die Wirkung durch das so plötzliche Auftauchen noch viel gewaltiger.

Ausgangspunkt ist die Bergstation (2600 m) der großen Seilbahn oberhalb der Schaubachhütte (2581 m, CAI, bewirtschaftet). Die Talstation liegt am Südende des bekannten Ferienortes Sulden.

Die Route von der Schaubachhütte. Von der Bergstation längs der Liftstützen auf dem Weg Nr. 151 nach Osten in einen flachen Boden. Immer auf der linken Talseite bleibend über Schutt und zunehmend über Schnee ins Madritschjoch (3123 m). Über den Südkamm auf den Gipfel.

Aufstieg durchs Madritschtal. Vom Parkplatz im Martelltal kurz Richtung Zufallhütte. Doch schon nach der Überschreitung des Madritschbaches Abzweigung nach oben und auf dem Weg Nr. 151 ins Tal. Immer rechts oberhalb des Baches talein und über einen höheren Hang ins Madritschjoch. Weiter wie oben. 4 Stunden.

Suldenspitze, 3376 m

Beherrschender Gipfel über drei Tälern

Aufstieg-Std.	Gipfelaufbau	Abstieg
3½	Blockgrat	gleiche Route

Rifugio Casati – das ist ein schon fast magischer Begriff für die Bergbegeisterten aus Italien, und deshalb pilgern sie in Scharen hinauf zur stattlichsten aller Hütten in der Ortlergruppe. Je mehr sich zusammenfinden, desto fröhlicher und lauter geht es zu. Doch auf diesen Spuk trifft man nur in den ersten drei Augustwochen, im September zum Beispiel herrscht schon wieder relative Ruhe. So brauchen auch wir nicht auf einen Abstecher in die Val di Cedec, auf die Casati-Hütte, auf die Suldenspitze zu verzichten. Es wäre schade drum! Das oberste Tal um die Seenaugen von Cedec wird von besonders imposanten Bergen beherrscht, von der auf dieser Seite ziemlich felsigen Königsspitze (3859 m) und gegenüber vom Monte Cevedale (3778 m) und dessen Trabanten Monte Pasquale, zwei formenschönen Eisbergen. Und sind wir über die Schutthänge hinaufgestapft in das Joch mit der Hütte, so stehen wir von einem Schritt zum anderen in einer völlig veränderten Landschaft, sehen uns in die Arktis versetzt. Eis und Schnee überziehen alle Hänge jenseits des Kammes. Sogar einen – reichlich überflüssigen – Lift gibt es hier oben. Da ziehen wir uns lieber auf die Suldenspitze zurück, turnen über den Südgrat empor, über Blöcke und Schutt (und Firn). Es gibt keinen angelegten Weg, doch haben die Begeher im Laufe vieler Jahre eine deutliche Trasse ausgetreten. Nur der Schnee könnte uns – bei einer Höhe von mehr als 3300 m! – Kummer und Angst bereiten. Die Suldenspitze gehört geographisch zu den bedeutenden Gipfeln. Drei ganz große Bergkämme strahlen von hier aus, und damit thront sie genau im Hintergrund von drei der bedeutendsten Ortlertäler:

Der Blick auf die Königspitze (3859 m) ist die besondere Attraktion beim Weg zur Hinteren Schöntaufspitze. Diese Wände sind gut 1000 m hoch, und wegen der brüchigen Kalkfelsen gelten sie als sehr steinschlaggefährlich.

Valfurfa, Suldental und Martelltal. Das ergibt reizvolle Kontraste in der Aussicht, eine Folge von grünen Taleinschnitten – selbst Sulden sehen wir, ganz exakt im Norden, zu unseren Füßen liegen – und gletscherverbrämten Bergkämmen, ein sechsseitiger Stern. Apropos Gletscher. Der Suldenferner ist das Idealbild eines Eisstromes, gewellt, mit Steilabsätzen und flachen Böden, mit mächtigen Spalten und Eisbrüchen. Eindrucksvoll ist der Blick von unserer hohen Warte steil hinab über den Gletscher, in die gähnenden Spaltenmäuler – und unterhalb auf das rote Dach der Schaubachhütte (siehe Schöntaufspitze).

Ausgangspunkt ist das Albergo Forno (2176 m) im gleichnamigen Tal. Zufahrt von Bormio (oder über den Tonalepaß, siehe nächste Tour) über Sta. Caterina Valfurva auf einer Bergstraße.

Die Route. Auf dem Fahrweg durch das Tal zum Rifugio Pizzini (2706 m) und weiter zu den Cedec-Seen. An das Bergmassiv heran und in Kehren über den hohen Steilhang zur Casati-Hütte (3269 m, CAI, bewirtschaftet, 3 Std.). Nach Norden und über den Blockgrat auf die Suldenspitze (nur Wegspuren).

Suldenspitze

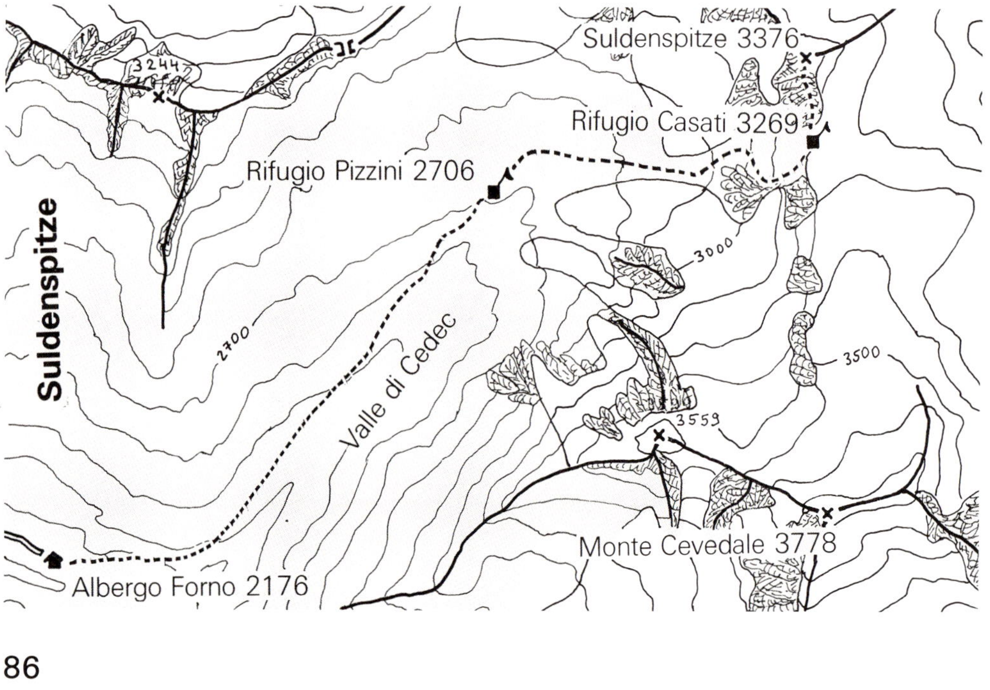

Monte Gaviola, 3025 m

Wächter über dem Gaviapaß

Aufstieg-Std.	Gipfelaufbau	Abstieg
1¼	Blockhänge	gleiche Route

Punta di Ercavallo, 3068 m

Beherrschender Gipfel zwischen Ortler- und Presanellagruppe

Aufstieg-Std.	Gipfelaufbau	Abstieg
3¾	Blockgrat	gleiche Route

In einem Dreiviertelkreis sind unsere Ziele in der Ortlergruppe angeordnet. Wir wollen uns die großen Gipfel vom König Ortler selbst bis hinunter zur Punta di San Matteo von den verschiedensten Seiten anschauen, wollen viele dieser so typisch zentralalpinen Täler mit den rundgeschliffenen Felsen, den mächtigen Zirben, den Wasserfällen und Bergseen kennenlernen (was nicht ganz ohne die unschönen Spuren des Massentourismus abgeht). Es fehlt in diesem Buch ganz einfach der Platz, um auf alle Möglichkeiten einzugehen. So fassen wir hier die beiden Ziele ganz im Südwesten zusammen, streifen nur kurz diese so gegensätzlichen Möglichkeiten. Der Monte Gaviola ist eine ganz gemütliche Bummeltour vom Gaviapaß aus, diesem Sattel, der einst mit seiner unbefestigten, sehr ausgesetzten Straße der Schrecken aller ängstlichen Autofahrer war. Trotz der großen Höhe dieses Passes ist hier alles relativ nahe zusammengerückt, fällt der Blick nur auf die nächste Umgebung, etwa auf das formenschöne Felsdreieck mit dem klangvollen Namen Corno dei Tre Signori (= Dreiherrenhorn, 3359 m). Oben, vom Gaviola aus, gehört dann noch der Monte Adamello (3554 m) mit seiner dunklen Nordwand zum Panorama und ein kleines, wildgezacktes Bergmassiv, die Baitone-Gruppe (3337 m). Nie gehört? Es gibt eben doch noch manches Neue zu entdecken, sobald man die üblichen Routen verläßt. Und die Punta di Ercavallo – das ist wohl ebenfalls ein Name, der Ihnen bisher unbekannt war. Ein paar Stichworte zu diesem Berg: Hübscher Felsgipfel mit einem Steig durch die südseitigen Blockkare und Aussichtskanzel für die südliche Ortlergruppe mit der alles beherrschenden Punta di San Matteo (3682 m) und für den Kamm Cima Presanella (3558 m) – La Busazza mit seinen Nordwänden bis zu 700 m Höhe.

Ausgangspunkt für den Monte Gaviola ist der Gaviapaß (2621 m) zwischen der Valfurva und Ponte di Legno.

Zum Monte Gaviola. Ein Weg (Nr. 17) noch aus der Zeit des Ersten Weltkrieges zieht vom Lago Bianco aus in Kehren über die Nordhänge empor und führt dann nach links zum Ostgrat. Nach rechts rasch zum Gipfel.

Ausgangspunkt für die Punta di Ercavallo. Case di Viso (1760 m) im gleichnamigen Tal, Zufahrt von Pezzo an der Straße Ponte di Legno – Gaviapaß.

Auf die Punta di Ercavallo. Von den Case di Viso gut 30 Minuten auf der Straße talein, dann rechts weiter auf dem Weg Nr. 14 zu den Baitelli. Nach rechts in das Südwestkar und in Kehren hinauf zum Grat. Nach rechts zum Gipfel.

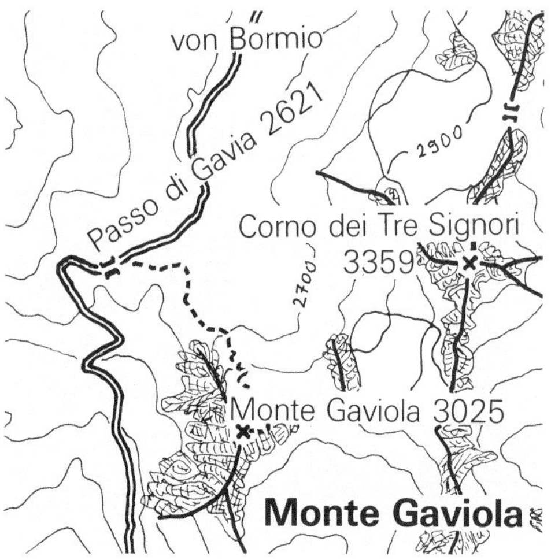

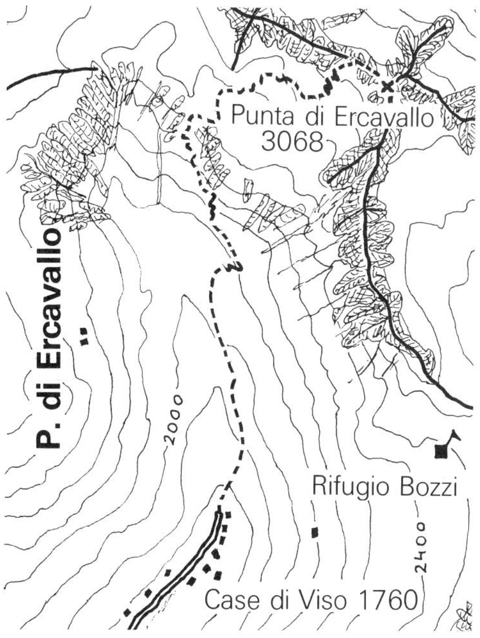

Monte Vioz, 3644 m

Der höchste Alpenberg mit Weg

Aufstieg-Std.	Gipfelaufbau	Abstieg
2¾	Blockwerk und Schnee	gleiche Route

Val di Sole – Sonnental – heißt jene tiefe Furche, die vom fjordartigen Lago di Santa Giustina nach Westen hineinführt in die großen Berge, die Ortler- und Presanellagruppe voneinander trennt. Man ist hier weit weg von allem „Germanischen", hier beherrschen ein südländischer Baustil und – vor allem im August – eine Unmenge italienischer Autos aus allen Teilen des Landes das Bild. Das Sonnental lieben unsere südlichen Nachbarn als Urlaubsziel. Bei Cusiano zweigt die Valle di Pejo nach Norden ab, und man ist kaum in dieses kurze, wiesenreiche Tal eingebogen, schon beherrscht „unser" Monte Vioz das Bild, ein gewaltiges, aus rostrotem Fels und steilem Eis

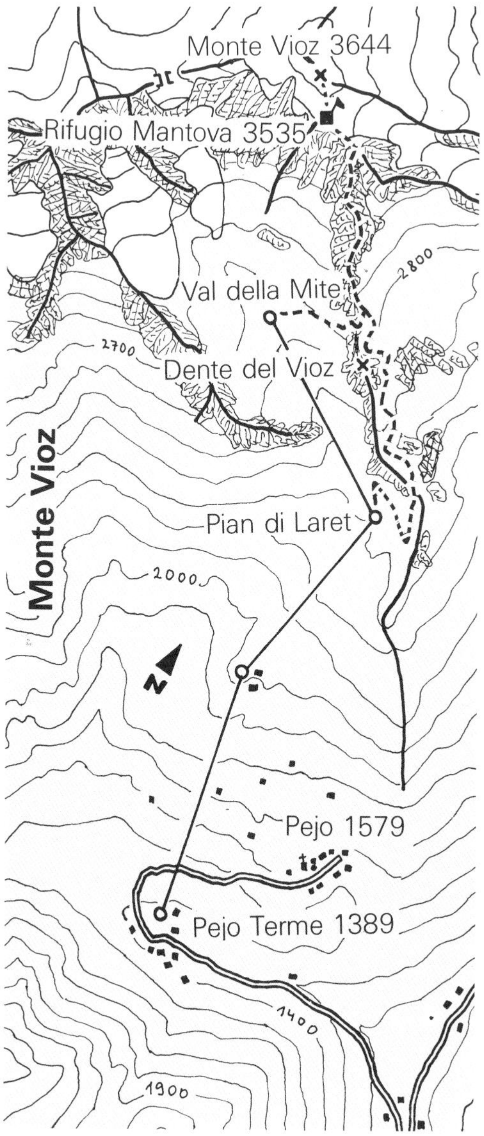

aufgebautes Massiv, 2500m höher – wahrlich ein stolzes Ziel! Zwei Umstände ermöglichen die Erstürmung eines so hohen Berges auch für den Nichtkletterer. Da gibt es drei Lifte, die einen von Pejo Terme hinauftragen bis in 2700m Höhe. Damit schmelzen die ursprünglichen 2100 Höhenmeter auf 900 zusammen. Der Aufstieg führt dann über den Südostgrat, eine urgewaltige, teilweise plattengepanzerte, teilweise mit wilden Zacken (Dente del Vioz) besetzte Schneide, die man ohne angelegten Steig nur mit viel Kletterei überlisten könnte. Doch der Vioz-Weg wurde einst – er stammt noch aus dem Ersten Weltkrieg – mit großer Sorgfalt als relativ breite Trasse in die Felsen gebaut, und davon profitieren wir noch heute. Gefährlich wird es hier nur, wenn noch Schneefelder zwischen den Felsen kleben, es gibt nämlich manche ganz schön ausgesetzte Stelle. In 3535m Höhe thront das dick isolierte und mit vielen Drahtseilen verankerte Rifugio Mantova auf der obersten Gratschulter, ein recht beliebtes Ziel der Val-di-Sole-Gäste. Das letzte Stück hinauf zum Monte Vioz wird natürlich nie ganz schneefrei sein – ein Eispickel leistet hier oft gute Dienste. Der Gipfel selbst entpuppt sich dann als erstaunlich weites Plateau mit einem Felsgrat und einer elegant geschwungenen Firnschneide, so recht ein Platz, um den Höhepunkt seiner Bergwanderlaufbahn in Ruhe zu genießen – sofern die Kälte das zuläßt.

Ausgangspunkt. Sessellift-Bergstation Val della Mite (2700m). Auffahrt mit einem Gondel- und zwei Sesselliften von Pejo Terme. Zum Bad auf guter Straße von Cogolo, dem Hauptort der Valle di Pejo.

Die Route. Vom Lift nach rechts und über einen hohen Trümmerhang auf den Grat. In vielen Windungen durch das weiträumige Felsgelände aufwärts (guter Steig, einmal Drahtseil) zum Rifugio Mantova. Über Blockwerk und Schnee zum Gipfel.

Abstiegsvariante. Bei der Wegverzweigung in 2900m Höhe links weiter. Um die Dente del Vioz nördlich herum und schließlich hinab zur Liftstation Pian di Laret.

Hasenöhrl, 3256m, **Laaserspitze,** 3304m

Lange Touren über Ulten- und Martelltal

Zu unserer Runde um die Ortlergruppe muß auch ein Ziel über dem Ultental und eines über dem äußeren Martelltal gehören, die wir aus Platzgründen hier zusammenfassen wollen. Beide Berge haben erstaunliche Ähnlichkeiten miteinander. Sie sind jeweils der letzte große Gipfel in ihrem Kamm, sind beides mächtige, breitgelagerte Massive, und zu jedem der Berge führen mehrere Anstiege aus den sehr tief eingeschnittenen Tälern empor. Auf beiden erwarten einen auch hindernislose Fernblicke, ja, das Hasenöhrl ist ein richtiger König der Aussichtsberge. Man hat nicht nur einen guten Überblick über weite Teile der Ortlergruppe, auch Presanella und Brenta, die Grödner Dolomiten und die südlichen Ötztaler Alpen gehören zum Panorama.
Die Wahl des Aufstiegsweges soll in diesen beiden Fällen Ihnen überlassen bleiben. Beim Hasenöhrl gibt es nicht weniger als drei Routen, die für Sie in Frage kommen. Da ist der Steig von St. Nikolaus über den Steinbergrücken, der durch eine besonders schöne und freie Landschaft führt, dafür aber sehr, sehr weit ist, volle 2000 Höhenmeter muß man hinaufsteigen (6 Std.). Immer noch 5 Stunden wären Sie bei der Route durchs Flatschbachtal unterwegs (Start in 1650m Höhe an der Straße St. Gertraud – Weißbrunnsee), die oberen Westhänge sind jedoch etwas einförmig, das Gehen erfordert hier einige Mühe. Relativ schnell kommt man vom Arzkersee (2188m) über die Blaue Schneide zum Gipfel (3½ Std.). Doch Vorsicht, der Nordgrat sollte bei einer Begehung schnee- und eisfrei sein.
Auch an der Laaserspitze sind die Wege weit. Durchs Schludertal und über die gleichnamige Scharte muß man 1700 Höhenmeter vom mittleren Martelltal aus überwinden (5 Std.). Man kann auch ins Dorf Martell hinaufkurven und ein Stück noch auf dem Sträßchen Richtung Stallwies fahren. Dann hat man noch 1600m über sich. Der Steig Nr. 5 führt über die Südhänge – vorbei an dem Seeli im Steinmanngasseloch (welch ein Name!) – ziemlich direkt zum Gipfel. Das ist ebenfalls weit, doch dank der freieren Ausblicke bietet diese Route mehr Abwechslung.

Hinterer Seelenkogel, 3470m

Mächtiger Aussichtsberg mit hohem Felsgrat

Aufstieg-Std.	Gipfelaufbau	Abstieg
3¾ + 1½	steiler Trümmergrat	über Stettiner Hütte

Welche Gegensätze es doch im Gebirge gibt! Die Gipfel im Ötztaler Hauptkamm zwischen Liebnerspitze und Hinterer Schwärze ragen nur mäßig über die ewig weiten, meist sanften Gletscherfelder der Nordtiroler Seite auf. Doch diese gleichen Berge bilden nach Osten und Süden eine fast zehn Kilometer (!) lange Mauer aus zerborstenen, oft rostroten Felswänden, eine besonders wuchtige und mächtige Bergkulisse über dem Pfossental und unserem Pfelderertal. Letzteres ist überhaupt ein Bergwinkel ganz eigener Prägung. Noch bestimmen die Bergbauern das Bild in diesem schmalen Tal mit seinen himmelhohen, von den Lawinen kahlgefegten Grashängen. Doch rührt sich auch hier allmählich der Fremdenverkehr, wenn auch die ersten Anfänge, ein paar neue, im alpenländischen Einheitsstil erbaute Pensionen in Pfelders, noch wie Fremdkörper wirken. Eine kaum unterbrochene Steilflanke von 1900m Höhe zieht von diesem Dörfchen hinauf zum Hinteren Seelenkogel. Hoch, hoch oben auf einer Felsnase thront die Zwickauer Hütte, das ideale Zwischenziel. Sie ist ein echter Lug-ins-Land, liegt sie doch höher als die Gipfel im Osten und Süden, und so ist der Blick frei bis hinüber in die Dolomiten. Hinter der Hütte setzt dann gleich der Ostgrat unseres Gipfels an. Anfangs bildet er eine braunrote Felsstufe, die beängstigend steil wirkt. Doch es geht besser als erwartet, man muß nur hin und wieder einmal kräftig zupacken, und man darf keine Angst vor der Tiefe haben, kommt man doch an ein paar recht ausgesetzten Stellen vorbei. Auch der folgende, aus steilen Köpfen aufgebaute Grat, der nach rechts in die Nord-Eiswand abbricht, gebärdet sich recht wild – wahrlich, der Seelenkogel ist von dieser Seite ein stolzes Ziel! Über Blöcke

Das berühmte Bild: St. Magdalena im Villnößtal gegen die Geislergruppe in den Dolomiten. Rechts der tiefen Scharte stehen die Odlen und die Fermedatürme, links der Sass Rigais und die Furchetta.

und Trümmer turnt man zum Kreuz hinauf. Die große Überraschung bilden dann jene anfangs erwähnten weiten Gletscherflächen der Nordseite, ein auffallender Kontrast zu unserem reinen Felsanstieg.

Ausgangspunkt ist Pfelders (1628 m) im Pfeldererta, das man von Moos im Passeiertal auf teilweise recht kleiner, steiler Straße (sie wird ausgebaut) erreicht.
Zur Hütte. Im Dorf über den Pfeldererbach und gleich gegenüber auf Wiesen rasch empor zur Jausenstation Schneidalm. Weiter auf dem stets guten Steig über meist felsdurchsetzte Steilhänge in ein Trümmerkar. Über ein Firnfeld und eine letzte Felsstufe zur Zwickauer Hütte (2979 m, CAI, bewirtschaftet, 3³/₄ Std.).
Der Gipfelgrat. Auf und links neben einem sehr steilen Sporn auf den oberen Ostgrat und über die nun scharfe, in Trümmer aufgelöste Schneide zum Gipfel (stets deutlicher Steig, Trittsicherheit und Schwindelfreiheit dennoch unbedingt notwendig, leichte Kletterei in brüchigem Gestein).
Abstieg und Weiterweg siehe Hochwilde.

Gemeinsame Skizze für Seelenkogel und Hochwilde siehe Seite 92

Hochwilde, 3480 m

Ein gewaltiger Berg, ein interessanter Aufstieg

Aufstieg-Std.	Gipfelaufbau	Abstieg
3¹/₄ + 2	Felsflanke	über Lazins

Es wäre schade, die am Seelenkogel erkämpfte Höhe wieder herzuschenken, ohne noch den zweiten großen Felsberg des Gebietes mit dem kühnen Namen Hochwilde zu erstürmen. Die Zwickauer Hütte bietet sich ja als Quartier an, und mit dem so völlig freien Blick nach Osten ist sie die Aussichtsloge für einen Sonnenaufgang schlechthin. Der Höhenweg von dort zur Stettiner Hütte entpuppt sich als echter Panoramaweg auf hoher Terrasse und als spannende Route dazu,

ist das Gelände doch von Felsen durchsetzt und von Rinnen zerfurcht. Man wandert genau auf die Hohe Weiße (3281 m) zu, der die Kalkfelsen zu ihrem hellen Aussehen und dem Namen verholfen haben – ein Fremdkörper zwischen den grauen und rötlichen Gneisbergen. An ihrem Fuß liegt das Zwischenziel, die Stettiner oder auch Eisjöchl-Hütte. Auch der Weiterweg zur Hochwilde ist ein ordentlicher Steig, der stets der Pfelderer Seite des Grates treu bleibt. Er zieht hinauf in die gewaltige Ostflanke mit ihren Felspfeilern, den Trümmerzonen, Geröllflecken und bis weit ins Jahr hinein mit Schnee in den geschützten Nischen und Rinnen. Der Steig mündet auf die Nordostschulter. Die große Überraschung dort oben: Man steht über einem flachen Gletscherbecken. Das letzte Stück über die steile Rippe hinauf zum Gipfel wird immer ein großes Erlebnis sein dank des abwechslungsreichen Turnens über das Blockwerk (Schnee) und dank des so faszinierend freien Blickes als wäre die Hochwilde der Hauptgipfel im ganzen Land. Dort, wohin die Sicht frei ist, also nach Norden, Osten und Süden, gibt es ja wirklich keinen einzigen höheren Gipfel in der Nähe.

Ausgangspunkt ist die Zwickauer Hütte (2979 m, siehe Tour Seelenkogel).

Von Hütte zu Hütte. Von der Zwickauer Hütte hinunter in das Geröllkar. Bei der Wegverzweigung nach rechts und durch eine Felsflanke auf eine Schulter. Noch ein gutes Stück abwärts, dann quer durch die steilen Hänge nach Süden und schließlich wieder aufwärts zur Stettiner Hütte (2875 m, auch Eisjöchl-Hütte, CAI, bewirtschaftet, ca. 3¹/₄ Std.).

Der Weg zum Gipfel. Über Felsplatten und Geröllhänge durch die Flanke nach Norden, dann in recht steilem Gelände auf die deutliche Schulter. Über den Nordostgrat ebenfalls steil zum Gipfel. Trittsicherheit unbedingt notwendig, Vorsicht bei Schnee!

Abstieg. Zurück zur Stettiner Hütte. Dann auf dem breiten Weg über Böden und Steilstufen hinab zum Lazinser Kaser und auf dem Holpersträßchen talaus nach Pfelders.

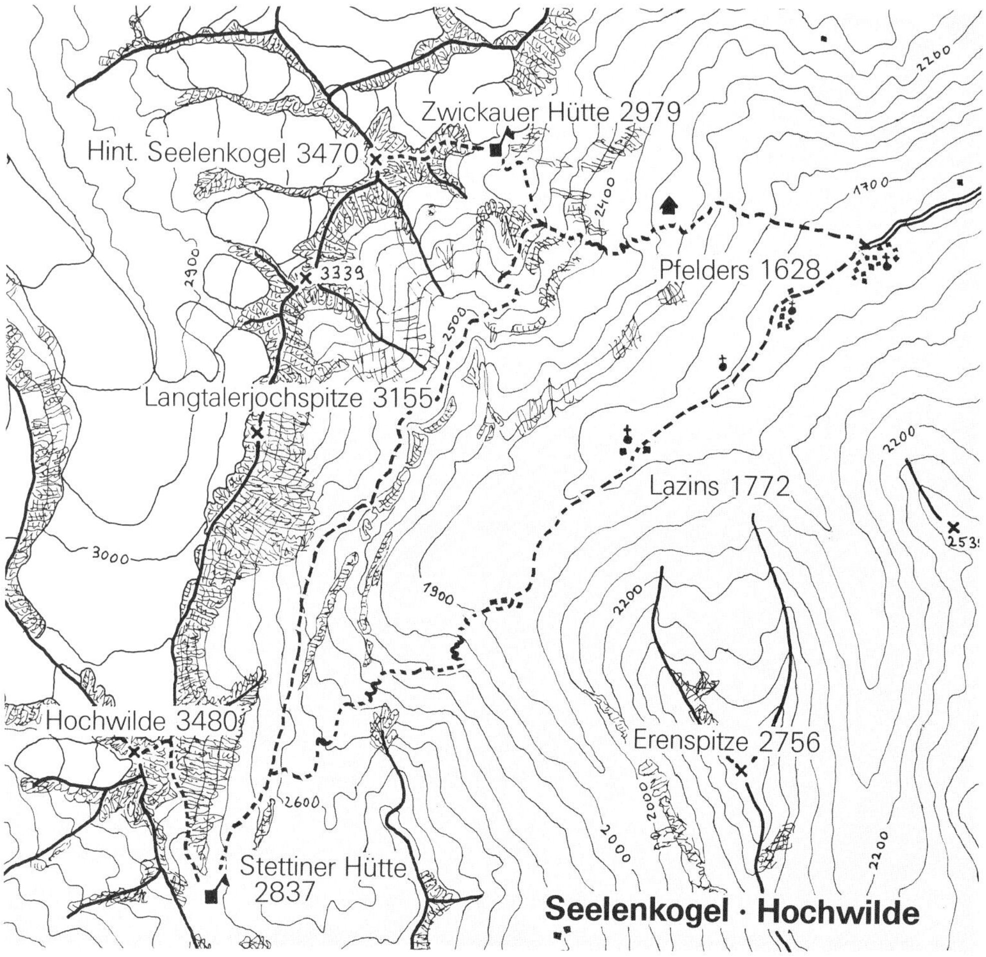

Die unmittelbare Nähe wildester Felsszenerien ist wohl das Eindrucksvollste unserer Dolomitentouren. Die hier gezeigten, gut hundert Meter hohen Türme wären in anderen Gegenden berühmt; hier sind sie nur malerische Staffage am Wegrand.

Sass Rigais, 3025 m

Überschreitung des höchsten Felsturmes im Geislermassiv

Aufstieg-Std.	Gipfelaufbau	Abstieg
3	Klettersteige	Südflanke

Wer kennt ihn nicht, jenen Blick aus dem Villnößtal auf die Zackenkrone der Geisler; in jedem Bergkalender, in jedem Alpenbuch findet man dieses Motiv! Der Berg in der Mitte mit seinem auffallend runden Gipfel und den wuchtigen, bis 800 m hohen Nordwänden, das ist – unser – Sass Rigais, eine echte Dolomitenzinne von unnahbarem Aussehen. Doch zum Glück zeigt er von Süden ein weit freundlicheres Bild; der auf dieser Seite zwar ebenfalls mächtige Felsbau ist nicht so steil, und zwischen die Wände sind Schrofen- und Geröllzonen eingelagert. Da fiel es den Dolomiten-Wegbauern nicht schwer, eine Trasse für einen Steig zu finden und sie mit einigen Drahtseilen gangbar zu machen. Diese Südroute ist relativ einfach, wir wollen sie beim Abstieg begehen. Es gibt nämlich noch einen zweiten Weg, einen besonders eindrucksvollen, spannenden. Er führt durchs Wasserrinnenkar, einem Einschnitt zwischen Sass Rigais und dem Torkofel, jenem wie eine Schüssel geformten Tälchen mit dem runden Boden und den fast senkrechten Seitenwänden. Von der Scharte am Oberende des Kares schauen wir in die Nordwände hinab, in eine düstere Schlucht – eine unwirtliche, lebensfeindliche Felswelt. Wir bleiben zum Glück der warmen Südseite des Grates treu, steigen in die Felsen empor, die noch gewaltig über uns aufragen. Aus einer ganz schmalen Gratlücke geht es dann nach links in ein Wandl hinaus. Drahtseile helfen über die steilsten Stellen hinweg, bis der Ostgrat und damit die freie Höhe erreicht ist. Auf dem schmalen First – unendlich hoch über Grödner- und Villnößtal – turnen wir zum nahen Gipfel hinauf, dem letzten Dreitausender im Nordwesten der Dolomiten. Das ergibt eine besonders

Linke Aufnahme: Auf dem Weg vom Sass Pordoi zur Boespitze. Im Hintergrund der Langkofel und am Horizont die Ortlergruppe.

Rechte Aufnahme: Vajolethütte und Vajolettürme mit dem spitzen Winklerturm.

vielfältige Aussicht, Zentralalpen-Gletscherberge, Dolomitentürme, grüne Talböden... Ganz freie Sicht haben wir ins Villnößtal mit seinen kleinen, am Hang verstreuten Dörfern. Dieser Blick ist genau das Gegenstück zu jenem beliebten Geislerfoto, von dem anfangs die Rede war.

Ausgangspunkt. Col de Raiser (2126 m), Bergstation des Tonnenliftes. Talstation in Sta. Cristina im Grödnertal.

Aufstieg durchs Wasserrinnental. Vom Lift nach rechts zur Geisler-Hütte (2039 m, CAI, bewirtschaftet, 10 Min.). Auf dem guten Weg nach Norden Richtung Mittagsscharte. Am Bergfuß nach rechts ins schmale Wasserrinnental und über Geröll hinauf in die abschließende Scharte. Nach links über Schutt, später über Fels in eine kleine Lücke und über steilere Stufen zum Grat und Gipfel (Drahtseile, einfache Kletterei).

Südabstieg. Kurz über den Grat, dann über Schrofen und Geröll in eine Felsschlucht (Versicherungen). Hinaus zu den Wiesenböden, wo man wieder auf den Aufstiegsweg trifft.

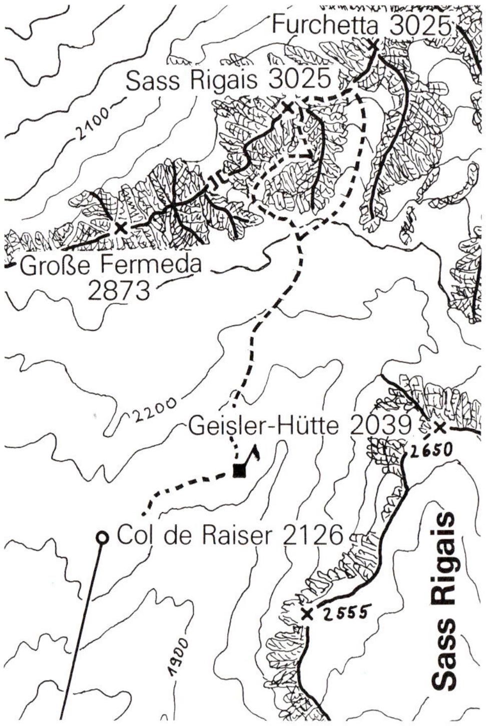

Kesselkogel, 3004 m

Leichte Kletterei am Hauptgipfel der Rosengartengruppe

Aufstieg-Std.	Gipfelaufbau	Abstieg
3¼	Klettersteig	über Antermoia

Vajolettal – das ist Dolomitenlandschaft in ihrer allertypischsten, atemberaubenden Art mit himmelhohen Felswänden, wilden Türmen und Zacken. Dazwischen gibt es gute Wege mit vielen Dolomitenbewunderern darauf, gemischt mit jenen urigen Gestalten der Kletterer, insgesamt ein buntes und lebhaftes Volk. Da kann man die berühmten Größen – die Berge meinen wir – aus der Nähe bewundern, die Rosengartenspitze, die Vajolettürme. Auch der Hauptgipfel des Gebietes, unser Kesselkogel, ist ein wuchtiger Felsklotz, doch fehlt ein wenig die Steilheit und Eleganz. Dafür bietet er einen großen Vorteil: ihn kann auch der – schwindelfreie! – Nor-

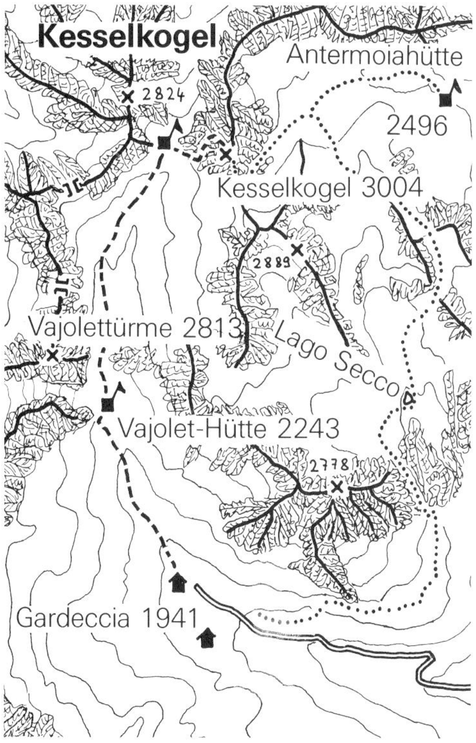

malbergsteiger erstürmen. Direkt beim Grasleitenpaß geht es hinein in die Felsen, in diese erstaunlich zerklüftete Wand mit tief eingeschnittenen Rinnen und Schluchten und einem ausgeprägten Band. Auf diesem führt der Weg nach rechts, biegt dann um eine Ecke, und urplötzlich hängt man – ängstlich an das Drahtseil geklammert – über einem fast senkrechten Abbruch. Wer diese Stelle überwunden hat, kann endgültig aufatmen. Der weitere Anstieg über Rinnen, Bänder und Schrofen zum weiträumigen Gipfel bietet keine Überraschungen mehr. Ein sehr schönes Kontrastprogramm wäre ein Rückweg durch das Antermoia-Gebiet mit den weiten, grauen Böden, den beiden Seen, der winzigen, urigen Antermoia-Hütte, der verkarsteten Hochfläche und der relativen Ruhe und Stille – etwas Besonderes in den Dolomiten! Außerdem gibt es auch auf dieser Route zwei Klettersteige, die sogar etwas anspruchsvoller als der Aufstieg sind: die Kesselkogel-Nordostflanke und der Passo delle Scalette oberhalb von Gardeccia.

Ausgangspunkt ist Gardeccia (1949 m) im Vajolettal. Zufahrt auf einer Bergstraße aus dem Fassatal, Abzweigung 3 km nördlich von Pozza di Fassa.

Die Aufstiegsroute. Auf breitem Weg durch das Vajolettal zur Vajolet-Hütte (2243 m, CAI, bewirtschaftet, ¾ Std.). Am linken Hang entlang talein in den markanten Einschnitt des Grasleitenpasses (2601 m, kleine, private Hütte, bewirtschaftet, 1¾ Std.). Nach rechts in die Felsen, kurz aufwärts, dann rechts auf einem Band (ausgesetzt) zu einem Rinnensystem. Durch dieses aufwärts auf das große Westband, dann über Schrofen auf den Gipfel (Kletterei, I).

Abstiegsmöglichkeit. Klettersteig über die Nordostflanke in den Antermoiakessel. Abstecher zum Antermoiasee (Hütte, 2496 m, CAI, bewirtschaftet). Gegenanstieg zum Lausapaß und über die Larsec-Hochfläche zum Lago Secco. Auf Klettersteig über die Steilstufe zurück ins Vajolettal. Insgesamt etwa 5 Stunden.

Piz Boe, 3151 m, **Cima Pisciadu,** 2985 m

Aussichtsberge im Herzen der Dolomiten

Aufstieg-Std.	Gipfelaufbau	Abstieg
1½	Schuttrücken	evtl. Rundtour

Haben Sie schon einmal eine Dolomiten-Übersichtskarte bewußt angeschaut? Wie Inseln in einem weiten Meer sanfterer Bergformen ragen die Felsmassive wie die Sella, die Langkofelgruppe, der Monte Pelmo usw. empor. Man wird es kaum glauben, doch diese gewaltigen Felsblöcke wurden von Korallen aufgebaut, sie entstanden als Riffe im einstigen warmen und flachen Dolomitenmeer. Mit ihren besonders festen Kalken hielten sie später bei der Alpenfaltung der Erosion besser stand als die weicheren Schichten rundum und wuchsen so immer mächtiger über ihre Umgebung empor. Auf diese Weise entstand eine

Ziehende Nebel am Grödnerjoch, darüber die Randabstürze der Sella mit dem Sass de la Luesa. Links daneben bildet die Val Setus einen schmalen Einschnitt, sie vermittelt den Zugang zur Pisciadu-Hütte und der Sella-Hochfläche.

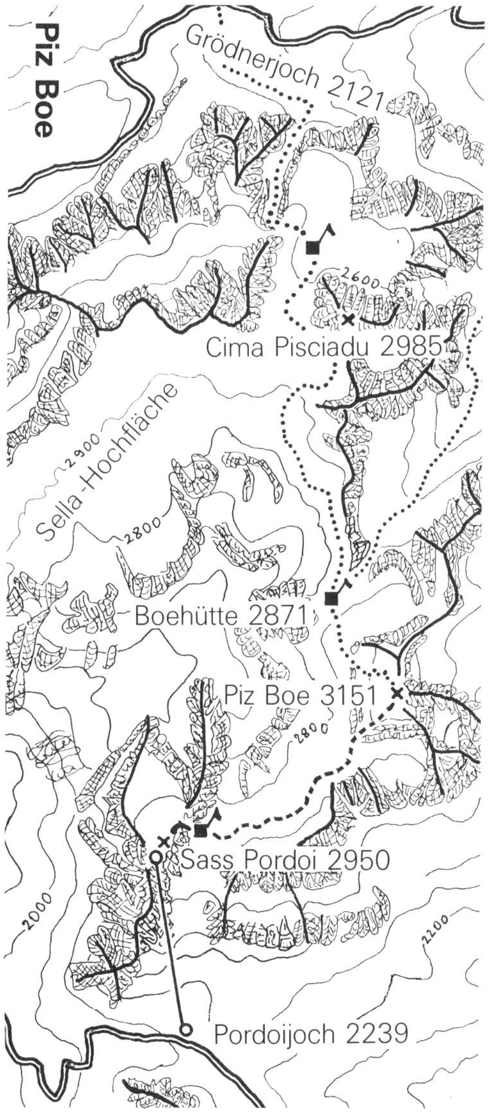

der herrlichsten Landschaften überhaupt. Die Sella mit ihrem Hauptgipfel Piz Boe liegt so recht im Herzen des gesegneten Landes, es gibt wohl keinen anderen Berg, der einen so idealen Überblick erlaubt. Sie wirkt wie eine Festung mit hohen Mauern rundum, und die Boespitze ist dieser Burg als krönende Pyramide aufgesetzt – ein Gipfel mit immerhin 3151 m! Und diese Festung läßt sich trotz des wilden Aussehens mühelos erstürmen. Man braucht bloß in die Seilbahn zu steigen, zum Sass Pordoi (2950 m), der südlichsten Bastion des Massivs, hinaufzugondeln und dann über die schuttreiche und teilweise plattige Hochfläche zur Boespitze hinüberzumarschieren.
Wer mehr Zeit und Muße hat, kann auch drüben am Grödnerjoch starten, durch die etwas düstere Val Setus zur Pisciadu-Abdachung mit Hütte und See hinaufsteigen, kann die wuchtige Cima Pisciadu (2985 m) im Handstreich mitnehmen, und dann über die Hochfläche zum Piz Boe wandern. Steigt er schließlich noch durch die Val de Mesdi nach Norden ab, so hat er in eineinhalb Tagen eine Fülle verschiedener Eindrücke gesammelt.

Ausgangspunkt. Sass Pordoi (2950 m), Bergstation der großen Seilbahn. Talstation am Pordoijoch, Zufahrt dorthin von Canazei oder Arabba (auch aus dem Grödnertal über das Sellajoch) auf breiten Serpentinenstraßen.
Zur Boespitze. Über die Gipfelfläche des Sass Pordoi, dann steil hinab in die Pordoischarte (Hütte). Nördlich des Grates über die Schutt- und Felsflächen im Bogen an den Fuß der Gipfelpyramide und steil, aber unschwierig auf der Kante zum höchsten Punkt (Hütte).
Möglichkeit einer Rundtour in Stichpunkten. Grödnerjoch – Val Setus (Drahtseile) – Pisciadu-Hüttel (2587 m, CAI, bewirtschaftet, 1 1/2 Std.) – Cima Pisciadu – Zwischenkofel – Boehütte (2871 m, CAI, bewirtschaftet, ca. 4 1/2 Std.). Piz Boe und Abstieg durch die Val de Mesdi (evtl. Schneefelder) nach Colfuschg.
Diese Rundtour erfordert Trittsicherheit und nebelfreies Wetter.

Marmolata di Penia, 3343 m

Hochalpiner Klettersteig auf die „Königin der Dolomiten"

Aufstieg-Std.	Gipfelaufbau	Abstieg
2+4	Klettersteig	gleiche Route

Mit etwas schlechtem Gewissen haben wir die Marmolata in unsere Dreitausender-Galerie eingereiht. Das ist nämlich kein gemütlicher Bummel auf einem bequemen Weg! Hier erwartet den Gipfelstürmer ein echter Klettersteig in recht hochalpiner Umgebung, zwar ausreichend versichert, doch steil, anstrengend und an manchen Stellen recht ausgesetzt. Zum Schluß folgt sogar ein kurzer Firngrat. Der Abstieg ist ein weiteres Problem. Es gibt zwar Leichtsinnige, die – trotz der vorhandenen Spalten – ohne Seil über den Gletscher nach Norden absteigen. Doch das sollte niemand nachahmen! Wer im Begehen von Gletschern und in der Spaltenbergung nicht sicher ist, wer zudem keine vollständige Eisausrüstung bei sich hat, wird auf jeden Fall über den Westgrat wieder abklettern. Und noch etwas ist ganz wichtig: Wetter und Verhältnisse müssen stimmen. Nur allzu leicht sind die Felsen vereist, gibt es doch in dieser Höhe auch im Sommer Neuschnee – etwa bei einem der häufigen Gewitter. Die sonnengeschützten, nordwestseitigen Felsen bleiben dann lange in schlechtem Zustand (oft ist es gut, einen Pickel dabei zu haben). Die Quellwolken und die daraus entstehenden Gewitter sind überhaupt etwas Marmolata-Feindliches. Wehe dem, der auf dem höchsten Grat des Landes davon überrascht wird! So weit die Warnungen. Beim Schönen können wir uns kürzer fassen, das versteht sich bei einer „Königin der Dolomiten", bei diesem Nonplusultra eines Hochgipfels, von ganz alleine. Schon das Aussehen ist verblüffend: im Norden ein dicker, weicher Gletschermantel, im Süden eine kilometerbreite, äußerst steile und bis zu 800 m hohe Wandflucht. Und dieser besondere Gipfel ragt gleich ein gewaltiges Stück über seine Umgebung empor. Auch der Aufstieg reiht sich würdig in diese Superlative ein. Schon vor dem Ersten Weltkrieg hatte die Sektion Nürnberg des Alpenvereins die von den Gletschern geschliffenen Plattenzonen versichert, einen richtigen Weg gebaut und dabei sogar Stufen in den Fels gemeißelt. Und ein ganz besonderes Erlebnis bei dieser Tour ist das Tiefersinken der Berge rundum, bis schließlich alles einem zu Füßen liegt, auch jene Gipfel wie der Große Vernel (3205 m), die zuvor so unendlich hoch ausgeschaut hatten.

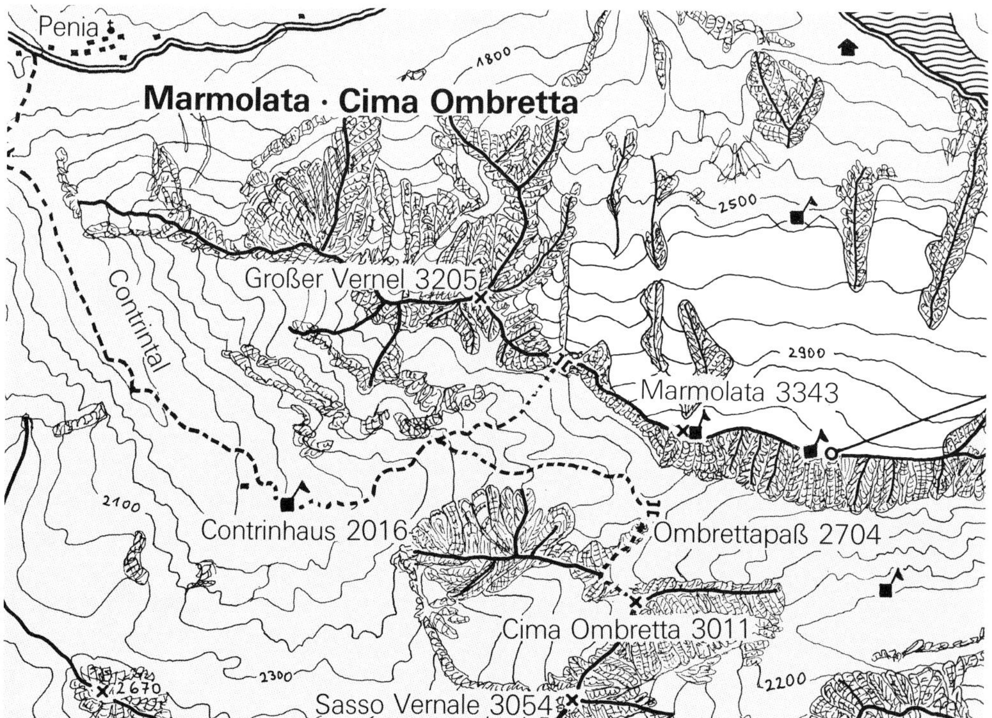

Ausgangspunkt (Alba) und ***Hütte*** (Contrinhaus) siehe Cima Ombretta.

Der Aufstieg über den Westgrat. Auf dem Weg Richtung Ombrettapaß knapp 1 Stunde aufwärts, bei der Verzweigung dann nach links und über die Hänge auf den Kleinen Vernel zu. Durch eine Schutt(Schnee)rinne und eine Felsstufe (Leiter) in die schmale Marmolatascharte. Fast immer nördlich des abgerundeten Grates über Platten und Geröll und ein paar Steilstufen (teilweise Leitern) empor, schließlich flacher im Firn auf den Gipfel.

Cima Ombretta, 3011 m

Tribünenplatz vor der Marmolata-Südwand

Aufstieg-Std.	Gipfelaufbau	Abstieg
2 + 3	Schuttgrat	gleiche Route

Dolomiten-Dreitausender fast ohne Kletterei – das gibt's nur zweimal, den Piz Boe und die Cima Ombretta. Niemand braucht sich zu genieren, wenn er den Namen Ombretta nicht kennt, noch nie von diesem Berg gehört hat. Er versteckt sich vollkommen hinter der Marmolata, hinter deren gewaltiger Südfront, jener vielen Kilometer breiten Wandflucht, die die Kletterer ganz besonders schätzen.

Wie ein Tribünenplatz ist die Cima Ombretta der Marmolata-Wand gegenübergestellt, als wäre sie eigens als Auslug dort errichtet worden. Zur Schau gehört aber nicht nur die Marmolata (3343 m). Die Civetta (3220 m) zeigt ihre Breitseite, ihre ebenfalls wuchtige Wandflucht, ein weiteres, sogar noch berühmteres

Blick von der Marmolata nach Süden. Der dreigipfelige Berg im Vordergrund (mit der Wegspur) ist unsere Cima Ombretta, dahinter der Sasso Vernale. Durch den Blick so stark von oben werden die Perspektiven etwas verzerrt, erscheint die Ombretta zu klein.

Kletterdorado für die Extremen. Und im Süden wächst ein ganz auffallendes Zakkenmeer in den Himmel: Die Pala-Gipfel, das letzte ganz große Dolomitenmassiv.
Unser Weg zur Ombretta umfaßt drei recht unterschiedliche Etappen. Es beginnt mit der „schönen" Landschaft, dem Boden des Contrintales mit seinen malerischen alten Bäumen, den Wiesenflächen und ein paar sehr dekorativen Felsszenerien, von denen vor allem der Westgipfel der Cima Ombretta imponiert. Oberhalb der Hütte folgen dann Karböden, aus denen die zwei größten Berge des Gebietes herauswachsen, die Marmolata und der Vernel (3205 m). Und zwischen dem Ombrettapaß und dem Gipfel schließlich ist unsere Aufmerksamkeit geteilt. Einerseits müssen wir auf die Steigspuren (kein angelegter Weg!) achten, den richtigen Durchschlupf an der ersten Stufe suchen, ein wenig in den Schrofen „kraxeln". Andrerseits werden wir fasziniert beobachten, wie der Blick immer großartiger, immer umfassender wird. Erstes Ereignis ist das Auftauchen der Civetta nach dem Betreten des Passes, letztes Ereignis dann oben am Hauptgrat der Blick nach Südwesten auf die Nachbargipfel, vor allem auf die Cima dell'Uomo (3010 m).

Ausgangspunkt. Wegbeginn zum Contrinhaus kurz oberhalb von Alba (1517 m), 2 km von Canazei auf der Straße zum Fedajapaß. Nach Canazei entweder durch das Fassatal (von Bozen über den Karerpaß) oder aus dem Grödnertal über das Sellajoch.

Zur Hütte. Auf einem sehr breiten Weg über die erste, hohe Talstufe, dann flach im Contrintal einwärts. Schließlich am linken Hang empor zum Contrinhaus (2016 m, CAI, bewirtschaftet, 2 Std.), das auf einer Talstufe liegt.

Die Route zum Gipfel. Nach Osten auf ordentlichem Steig über schuttreiche Böden und Hänge in den Ombrettapaß und nach Süden zur nahen Biwakschachtel Marco dal Bianco. Längs des Kammes auf Steigspuren nach Süden und über eine etwas unangenehme, schrofige Stufe in ein Geröllkar. Etwas mühsam hinauf zum Kamm und nach links meist neben dem Grat zum Gipfel. Trittsicherheit angenehm!

Tofana di Mezzo, 3243 m, Tofana di Rozes, 3225 m

Gipfelkombination – ausschließlich für Könner

Aufstieg-Std.	Gipfelaufbau	Abstieg
$4^1/_2$	Klettersteig	Rundtour

Etwa in der Mitte zwischen dem Falzaregopaß und Pocol führt die Straße über relativ freie Talböden, die gewaltig von den Tofanen überragt werden. Das ist Dolomiten-Landschaft par excellence, rostrote Riesenwände, von Kulissen und Schluchten gegliedert, einzelstehende Türme, gezackte Grate. Für den Bergwanderer ein faszinierender, aber doch eher abschreckender Anblick. Jeder denkt: diese Felswildnis ist sicher dem Kletterer vorbehalten. Und doch gibt es gerade an den Tofanen ein paar leichtere Routen, je zwei Steige an der Tofana di Mezzo und an der Tofana di Rozes. Wir haben eine Möglichkeit ausgeknobelt, wie sich beide Gipfel an einem Tag erstürmen lassen (wobei einem der erste Gipfelsturm vom Himmelspfeil, der Seilbahn von Cortina zur Mittleren Tofana, abgenommen wird). Unsere Vorstellungen: Das ganze sollte möglichst abwechslungsreich, spannend, aber nicht allzu aufregend und zudem nicht zu anstrengend sein, und außerdem soll die Route am Schluß wieder beim Auto enden.
So ergab sich folgende Runde: Den Auftakt bildet der Klettersteig von der Tofana di Mezzo nach Süden hinab zum großen Felsenfenster, dem Bus, mit ein paar sehr steilen Felsabsätzen in dem waagrecht bebänderten Gelände, mit einigen Schneeflecken, mit viel Drahtseil, mit Stiften, Leitern ... Ängstlich und schwindlig darf man hier wahrlich nicht sein. Dann folgt eine Rutschpartie über die lange Geröllhalde und ein kurzer Gegenanstieg zur Cantorehütte. Der Weiterweg zur Tofana di Rozes ist keine richtige Kletterei mehr, ein Steiglein im Schutt, auf Platten, auf Bändern und über den auffallend abgerundeten Gipfelrücken – alles kein Problem, solange es keine harten Schneefelder und kein Eis gibt. Wem das zu langweilig sein sollte, kann auch in die Nordflanke hinüberqueren und auf dem oberen Teil des Lipella-Steiges über ein paar recht steile Felsstufen längs der guten Drahtseile hinaufturnen. Das wäre nochmals ein anspruchsvoller Klettersteig.

Ausgangspunkt ist der Gipfel der Tofana di Mezzo. Große Seilbahn von Cortina.

Übergang von der Tofana di Mezzo zur Rozes. Vom Gipfel über den Grat nach Süden, dann auf dem Klettersteig über ein paar steile Stufen (evtl. Schnee in der großen Schlucht) zum Felsenfenster und nach Südwesten im Geröll in den Karboden. Kurzer Aufstieg zur Cantorehütte (Giussani-Hütte, CAI, bewirtschaftet, etwa $2^1/_2$ Std.). Aufwärts zum Fuß der Punta Marietta, dann auf Geröllbändern nach Westen zum Gratrücken und im Schutt steil zum Gipfel (bei Schnee nicht ungefährlich). Ca. 2 Std. von der Hütte.

Abstieg. Zurück zur Cantorehütte und hinab ins Vallon. Will man nach Cortina, dann Querung auf dem versicherten Astaldiweg zur Duca-d'Aosta-Hütte und zur Mittelstation der Bahn. Sonst direkter Abstieg über die Dibonahütte zur Falzaregostraße.

Große Dolomitenberge: Blick vom Aufstieg zur Tofana di Rozes auf die Tofana di Mezzo (rechtes, oberes Eck) und die Tofana di Dentro. Der Bergsteiger steht auf dem Lipellaweg, dem Klettersteig in den West- und Nordwänden der Rozes.

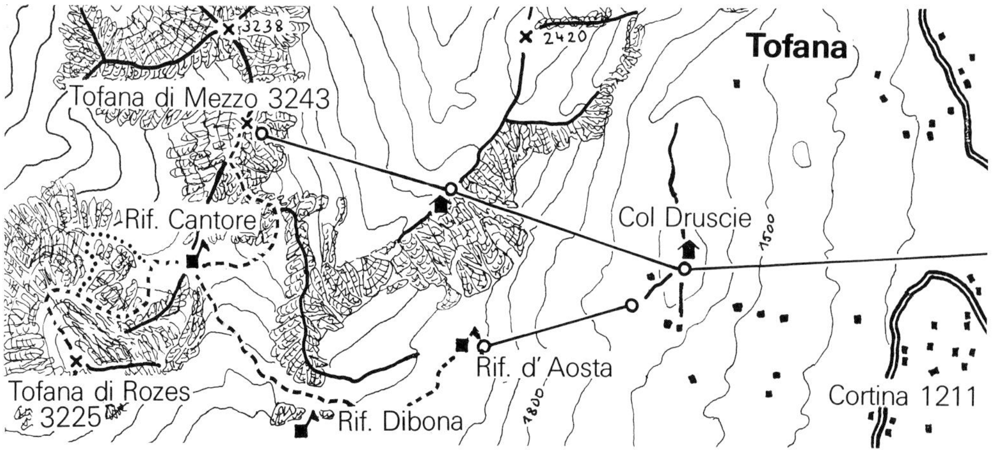

Cristallo di Mezzo, 3154 m, **Cristallino d'Ampezzo,** 3036 m

Zwei spannende Klettersteige auf hohe Gipfel

Aufstieg-Std.	Gipfelaufbau	Abstieg
1	Klettersteig	über Dibonaweg

Das Cristallo-Massiv ist eine der typischen, urgewaltigen Dolomitengruppen mit einer Reihe scharfgeschnittener Felsgipfel, himmelhohen, auffallend roten Wänden, tief eingefressenen Schluchten und Riesengeröllfeldern. Unnahbar wären diese Gipfel für den Normalsterblichen, gäbe es nicht die künstlichen Hilfen. Als erstes benützen wir natürlich den zweiteiligen Lift, der in der Forcella de Staunies endet, dieser wie mit dem Beil herausgeschlagenen Gratlücke zwischen unseren beiden Cristallogipfeln. Nur ein echter Rackerer käme ohne Hilfe dort hinauf, die 600 m hohe Geröllhalde ist ein fast unüberwindbares Hindernis. Dort gibt es nämlich – man staune – keinen Weg. Was passiert, wenn durch einen Defekt der Lift aus-

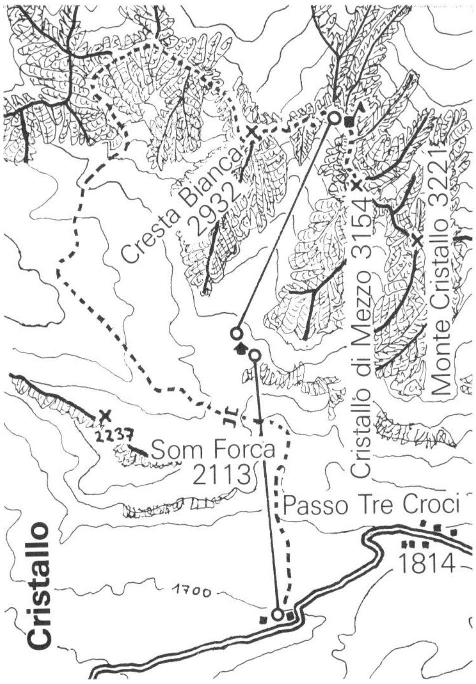

fällt, und die mit Sandalen „ausgerüsteten" Ausflügler wieder ins Tal hinab müssen?! Unsere nächste Hilfe sind die Drahtseile, die den weiteren Aufstieg zum Mittleren Cristallo erst möglich machen. Hier erwartet uns ein echter, gut gepflegter Klettersteig. Er führt meist über Fels, vermeidet die Geröllrinnen und die sehr brüchigen Schrofen so weit wie möglich. Der Beginn ist relativ harmlos, doch oben am auffallenden Grataufschwung zieht der Steig plötzlich überaus steil empor. Zweimal steht man vor kleinen Überhängen mit wenigen, abschüssigen Tritten. Da braucht man nicht nur Geschicklichkeit, sondern auch „Schmalz" in den Armen. Das steilste Stück läßt sich allerdings rechts – ohne Kletterei – auf einem Geröllband umgehen.

Noch eine Warnung: Dieser Berg ist 3154 m hoch, man kann also häufig auf Schneeflecken, Neuschnee oder Eis treffen. Dann weicht man besser auf den Cristallino d'Ampezzo aus. Denn dieser von Süden so elegante und abweisende Turm läßt sich von „hinten" relativ gut besteigen. Die Felsen sind hier nicht ganz so steil, ein paar Stellen wurden zusätzlich mit Trittstiften versichert. Vom Cristallino aus folgen wir anschließend dem Höhenweg nach Westen, der anfangs noch ein paar Felsabsätze überwindet, nach der Forcella Grande aber in ein leichteres Gelände führt. In der Forcella Bassa verlassen wir diesen Steig wieder; wir müssen ja nach Süden hinab, um zu unserem Auto zurückzukehren.

Ausgangspunkt ist die Forcella de Staunies (2890 m). Dorthin mit Sessel- und Tonnenlift. Zur Talstation von Cortina auf der Tre-Croci-Straße bis in 1683 m Höhe.

Der Cristallo di Mezzo. Beginn des Marino-Bianchi-Klettersteigs auf der Terrasse der Lorenzi-Hütte. Abwechslungsreich, gut versichert (jedoch nur Drahtseile und 2 Leitern). Am großen Grataufschwung sehr steil. Umgehung des Aufschwungs in der Westflanke auf Geröllbändern einfach (Wegspur). 1 Stunde.

Der Cristallino d'Ampezzo. Beginn des Klettersteiges am Liftgebäude. Nur wenige steilere Stellen, gut versichert, Hängebrücke. 1/2 Stunde.

Der Abstieg. Vom Cristallino nach Westen in die Forcella Grande (Klettersteig, gut versichert), dann südlich um die folgenden Gipfel bis zur Forcella Bassa. Über Geröll nach Süden zu den Wiesen der Alp Padeon. Gegenanstieg nach Som Forca und hinab zur Talstation des Lifts. Ca. 3 1/2 Stunden.

Lavarella, 3053 m, **Le Cunturines,** 3064 m

Flammend rote Felsberge über dem Armentarolatal

Aufstieg-Std.	Gipfelaufbau	Abstieg
je 4 1/2	Schutthänge	gleiche Route

Tausend Meter hohe Wände in einem intensiven Rotbraun beherrschen die Straße von St. Kassian talein Richtung Valparola- und Falzaregopaß, regellos aufgetürmte Felsmassen, zerklüftet in Türme, Kämme, Schluchten, Wände. Das ist das Cunturines-Massiv. Seine zwei Dreitausender sind das Ziel unserer heutigen, etwas undolomitischen Tour. Nur ganz am Anfang des – langen – Weges umgibt uns die hier typische Landschaft; der geröllreiche Boden der Val Sare wird von den hellen, ungemein glatten Wänden der Cima Scotoni überragt, ein Name mit Wohlklang in den Ohren der Kletterer extremer Richtung. Doch die makellosen Wiesenböden am Tadegapaß, das schmale Hochtal mit dem Zungenbrecher-Namen Busc da Stlii, in des-

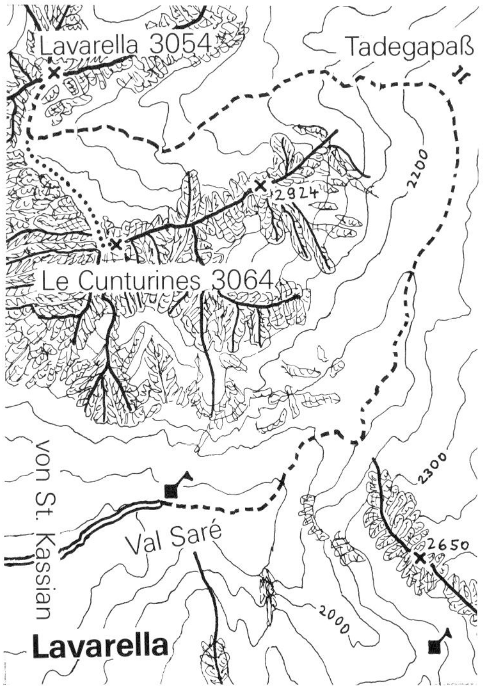

sen Mitte der kleine Cunturinessee liegt, die flachen Felsplatten im oberen Teil des Tales, der Trümmerhang zum Gipfel der Varella, das ist alles großräumige, wuchtige Kalklandschaft, hat jedoch wenig von jenem Himmelstürmenden, Unnahbaren berühmter Dolomitenmassive wie etwa dem Langkofel. Dazu kommt eine – ebenfalls für die Gegend untypische – Ruhe; wer kennt schon diese beiden Berge zwischen Gadertal und Fanesalm, obwohl sie die Hauptgipfel des ganzen Gebietes sind! Nein, sie bleiben den Individualisten, den Besinnlichen vorbehalten. Die Varella bereitet keine größeren Schwierigkeiten, wir müssen allenfalls darauf achten, im Geröll nicht die Wegspur zu verlieren (Vorsicht bei Nebel!). Ganz anders der Cunturines – wie eine Scheibe liegt der Gipfelkopf schräg auf dem obersten Grat. Dort oben stellt sich ein Wandl in den Weg, das nur die Geschickten erklettern können.

Der Gipfelaufbau des Cunturines im herbstlichen Neuschneekleid. Ein Schlechtwettereinbruch kann auch im Sommer derartige Verhältnisse schaffen. Nach vorne der Verbindungsgrat zur Varella, am rechten, oberen Ende des Schneebandes die kurze Steilstufe, die beim Aufstieg zum Gipfel überklettert werden muß (künstliche Hilfen).

Ausgangspunkt. Parkplatz in der Val Sare bei einem kleinen Gasthof (1726 m). Abzweigung von der Valparola-Paßstraße vor der Brücke über den Rio Sare. Dorthin von St. Kassian im obersten Gadertal.

Die Route. Flach in den großen Boden der Val Sare. Bei der Wegverzweigung nach links und zwischen Latschen auf den großen Grasboden unter dem Tadegapaß. Kurz vor dem Sattel scharf nach links auf anfangs undeutlichem, bald aber ordentlichem Steig in das Tal zwischen den beiden Gipfeln. Über Gras, Platten und Geröll in die abschließende Scharte. Nun entweder nach Norden über Schutt auf die Varella (keine Schwierigkeiten) oder nach Süden längs des Grates an den Steilaufschwung des Cunturines. Sehr steil; mit Hilfe von Steigbäumen auf den Gipfel (Kletterei, I, ausgesetzt).

In den zentralen Westalpen

Die Zunge des Großen Aletschgletschers, im Hintergrund das Wannenhorn.

Dreitausender mit Weg – in den zentralen Westalpen ist das weniger üblich als bei uns in den Ostalpen. Nur hin und wieder führt dort ein Steig auf einen der höheren Berge. So gibt es in unserem Westalpenkapitel auch ein paar Ziele mit etwas anderem Charakter. Hier sollte man beweglicher sein, vielleicht ein bißchen mehr Erfahrung und Können mitbringen, auch einmal mit ein paar Pfadspuren statt eines großen Weges zufrieden sein. In manchem östlichen Gebiet, wie etwa den Hohen Tauern, ist es vor allem der Gipfel, der lockt, der Ansporn ist; ein überragender Berg wie das Petzeck, der Sonnblick, die Hochalmspitze schenkt Stolz und Befriedigung. In den hohen Regionen der Westalpen jedoch tritt das Schauen in den Vordergrund des Erlebens. Der Blick auf die kilometerlangen, zerrissenen Gletscher, auf die gewaltigen Viertausender mit ihren Graten und den so berühmten Wänden ist etwas Faszinierendes – wer es noch nie gesehen und erlebt hat, kann sich keine Vorstellung von der Größe und Imposanz machen. Die Höhe der Berge und die starke Vergletscherung halten den Wanderer zwangsläufig von der Gipfelregion fern. So muß er sich manchmal mit Zielen wie dem Kleinallalin zufriedengeben, die neben den übermächtigen Viertausendern recht bescheiden wirken.
Eine der ganz großen Westalpengruppen bietet alleine so viele Bergwanderziele wie alle anderen zusammen. Das ist das Wallis. Hier könnte man zwei Wochen unterwegs sein und doch jeden Tag etwas völlig Neues erleben, andere Gipfel sehen, neue Gletscherbecken, neue Täler, Orte . . . Wallis, das sind nicht nur die Viertausender, das umfaßt nicht nur Zermatt und Saas Fee, dazu gehören auch das Haupttal mit seinen Weinbergen, den alten Kirchen, Schlössern, Burgen, die großen markanten Nebentäler, die blumengeschmückten, fast schwarzen Holzhäuser, die Mattenregion mit den Bergseen. Das zweite große Viertausendergebiet der Schweiz, die Berner Alpen, verschließen sich hingegen nahezu ganz dem Dreitausender-Wanderer. Das hat einen einfachen Grund: Die wetterexponierte Lage des Gebirges zieht eine besonders starke Vergletscherung nach sich. Ähnlich schaut es drüben in der Montblancgruppe aus. Dort gibt es keinen einzigen Hochgipfel, der nicht von weiten Eisfeldern umlagert wäre. So bleiben nur ein paar Berge am Rand wie der Mont Buet bei Vallorcine, um zu den Großen hinüberzuschauen – und zu staunen. Ja, das ist der richtige Begriff: Die hohen Gebiete der Westalpen sind für den Bergwanderer ein Dorado zum Schauen und Staunen.

Sparrhorn, 3021 m

Unser einziges Ziel in den Berner Alpen

Aufstieg-Std.	Gipfelaufbau	Abstieg
3	Südgrat	gleiche Route

Die Sparrhorn-Tour sollte man auf keinen Fall versäumen, denn an keiner anderen Stelle wird einem eine ähnliche Landschaft geboten. Außerdem gibt es nirgendwo einen größeren Gletscher. Man sieht allerdings bei dieser Route vom Aletschgletscher, dem längsten und mächtigsten Eisstrom der Alpen (24 km lang), nur die Zunge. Für eine genauere „Aletsch-Besichtigung" fährt man besser von Fiesch mit der Seilbahn zum Eggishorn hinauf. Nein, bei dieser Tour wird man vor allem die so ungemein bizarre Felswelt der südlichen Berner Alpen bewundern. Die senkrechtstehenden Gesteinsschichten schaffen

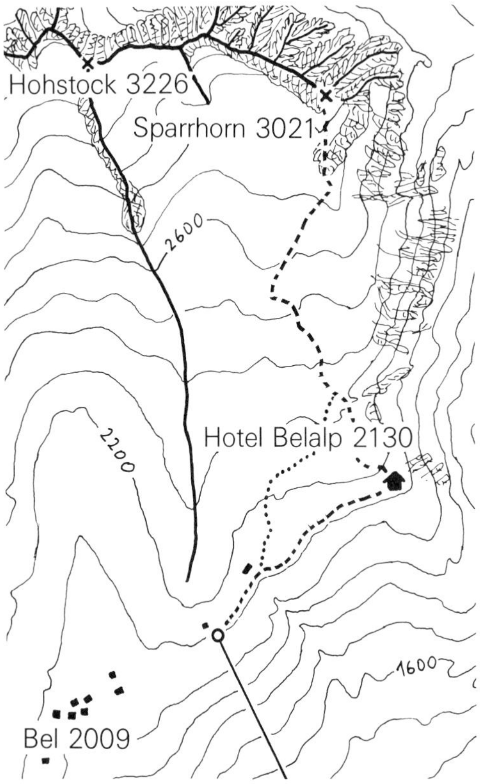

ganz typische, von Rippen und Kaminen gegliederte Wände und scharf gezackte Grate. Eis in den Tälern, Karen und Rinnen sorgt zudem für ein sehr hochalpines Aussehen. Das ist ein herrliches Tummelfeld für den guten Kletterer, während dem Bergwanderer ein einziges Ziel am Rande des Gebietes bleibt, eben unser Sparrhorn. Von seinem Gipfel wird zudem der Blick auf den Oberaletschgletscher frei, der mit seinen Längsstreifen – Moränenschutt auf dem Eis – an ein Urwelttier erinnert. Diese sogenannten Mittelmoränen sind auf der Gletscherzunge so stark ausgeprägt, daß die Oberfläche regelrecht in Täler und Grate aufgeteilt ist und man manchmal vor lauter Geröll und Blöcken das Eis gar nicht mehr zu sehen bekommt. Genau über diesem Gletscher, jedoch etwas zurückversetzt, ragt das Aletschhorn als wuchtige Fels- und Eispyramide in den Himmel. Mit seinen 4195 m ist er der zweithöchste Berg der Berner Alpen.

Foto auf der rechten Seite:
Blick vom Monte-Moro-Paß quer über das Tal von Macugnaga zur höchsten Wand der Alpen, der 2400m hohen Monte-Rosa-Ostwand. Man sieht folgende vier Gipfel (von rechts): Nordend, Doufourspitze (der einzige Felsgipfel), Zumsteinspitze, Signalkuppe. In der Tiefe die vollkommen von Schutt bedeckte Zunge des Belvederegletschers.

Der relativ gemütliche Aufstieg über die Belalp – also die schönen Almwiesen – läßt viel Zeit zum Schauen. Man sollte sich dabei auch immer wieder umdrehen, denn im Süden zeigt sich ein ebenfalls sehr schönes, jedoch fast gegensätzliches Bild. Über die dunstige Tiefe des Rhonetals hinweg schaut man auf die Berge der Walliser Alpen. Immer freier wird der Blick, immer mehr Gipfel tauchen auf. Und schließlich liegt die ganze Kette vor einem, vom Blinnenhorn im Osten bis hinüber zum Grand Combin, ein schier endloses Meer gewaltiger Berge.

Ausgangspunkt ist die Bergstation der Bahn Blatten-Belalp (2091 m). Blatten (1322 m) erreicht man von Brig über Naters auf guter Bergstraße.
Die Route. Flacher Höhenweg von der Bergstation zum Hotel Belalp (Blick auf Aletschgletscher). Über die anfangs steileren, bald jedoch flachen und weiten Wiesenhänge gerade aufwärts. In 2800 m Höhe prägt sich ein Grat aus, der direkt zum Gipfel führt. Man kann etwas Zeit sparen, wenn man nach den ersten 5 Minuten bei der Talstation eines Liftes nach oben abzweigt und direkt über die Wiesen ohne Weg aufsteigt. Hält man sich nach rechts, dann trifft man wieder auf den oben beschriebenen Steig.

Joderhorn, 3036 m

Logensitz vor der höchsten Alpenwand

Aufstieg-Std.	Gipfelaufbau	Abstieg
3	Geröll und Fels	gleiche Route

Heute heißt es: Früh aus den Betten. Schließlich ist es die Monte-Rosa-Ostwand, die uns zum Monte-Moro-Paß und zum Joderhorn lockt. Sie steht über dem Tal von Macugnaga, gehört also bereits zur Alpensüdseite, und im Hochsommer können auch bei einer Schönwetterlage die Quellwolken schon am Vormittag die ganze Umgebung verschlucken. Die Gip-

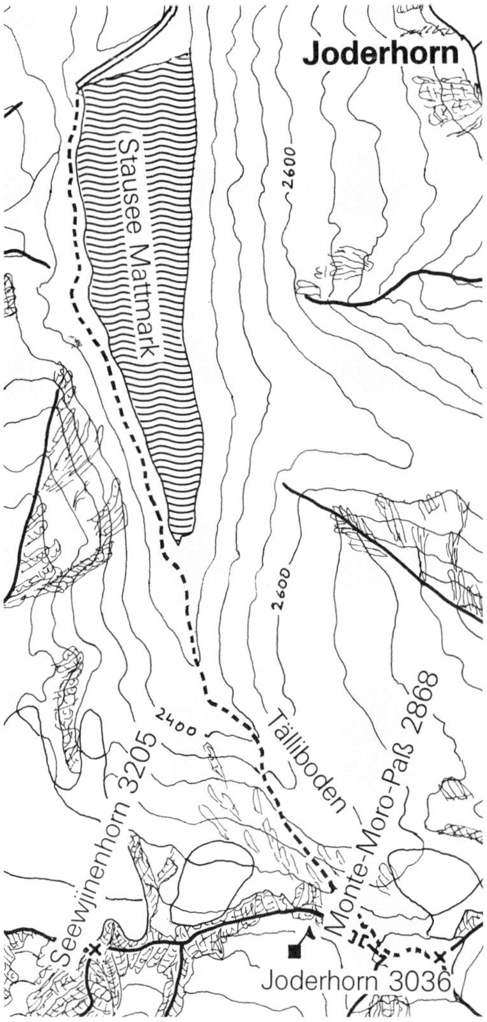

fel auf der Wetterscheide, wie unser Joderhorn, bieten oft ein ganz besonderes Schauspiel: Auf der einen Seite herrscht klarer, blauer Himmel, auf der anderen ein lebhaftes Wolkengewoge, das gar nicht so selten in ein Gewitter übergeht. Also, den Anblick der mächtigsten Wand in den Alpen wollen wir uns heute nicht entgehen lassen. Bis zu 2400 m ist sie hoch, etwa 6 km breit, eine Flanke aus

Wenigstens mit zwei Aufnahmen wollen wir Sie noch ganz hinaufführen in die Welt der Viertausender, die natürlich nur der entsprechend ausgerüstete Bergsteiger betreten darf. Die linke Aufnahme zeigt den Montblanc über dem Géantgletscher. Der Alpinist auf dem rechten Foto ist zwischen der Wellenkuppe und dem Obergabelhorn (Wallis) unterwegs. Die „Flöhe" rechts unter dem Gipfel sind drei Seilschaften beim Begehen der Nordwest-Eiswand.

Eis, die aber von ein paar Felspfeilern gegliedert ist, weniger elegant als gewaltig, weniger lockend als Ehrfurcht einflößend. Letzeres gilt zu Recht; Steinschlag, Lawinen, Eisabbrüche sind für die Kletterer bedrohliche Gefahren. Deshalb wird ein guter Teil der Wand möglichst in der Nacht begangen (jawohl!), solange der Frost die Gefahren eindämmt.

So dramatisch die Eindrücke dieser Wand sind, so besinnlich und – von den letzten steilen Gipfelmetern einmal abgesehen – so gemütlich ist unsere heutige Wanderung. Bis zum Stausee Mattmark trägt uns das Auto, dann spazieren wir fast eben am Ufer entlang, es folgen ganz flache Talböden und endlich der Aufstieg über die charakteristischen Felsbänder zum Monte-Moro-Paß (= Schwarzbergpaß, 2868 m). Hier sind wir auf historischem Boden unterwegs, wie die an manchen Stellen erhaltenen Plattenwege zeigen. Dieser Übergang war vor dem Bau der Simplonstraße recht beliebt, es herrschte auch ein reger Austausch zwischen dem Saaser Tal und Macugnaga mit seinem Goldbergbau. Besonders Vornehme wurden in Sesseln von vier Trägern von einem Tal ins andere geschleppt. Vielleicht könnte man diesen Beruf wieder aktivieren und damit einen Beitrag zur Bekämpfung der Arbeitslosigkeit leisten.

Ausgangspunkt. Staudamm Mattmark (2203 m), 7 km oberhalb von Saas Almagell.

Die Route. Am Westufer des Sees (Tunnel) entlang zur Distelalpe und über Wiesen in den Tälliboden. Nun meist auf Geröll, Platten und Felsböden (Schnee) auf der rechten Talseite empor in den Monte-Moro-Paß. Auf einer Trampelspur links der Kante – am Schluß steil – auf den Gipfel.

Kleinallalin, 3070 m

Das Allalinhorn für den Bergwanderer

Aufstieg-Std.	Gipfelaufbau	Abstieg
1	Schneefelder	über Plattjen

Das Allalinhorn (4027 m) gehört zu den bekanntesten und meistbestiegenen Viertausendern der Alpen. Alle Routen führen über große, oft sehr zerklüftete Gletscher und sind deshalb selbstverständlich für den Bergwanderer verbotenes Land. Aber auch für ihn gibt es einen Gipfel mit diesem Namen, das Kleinallalin, auch Kleines Allalinhorn genannt. Es ist ziemlich genau einen Tausender niedriger, und doch ein hochalpines und wirklich grandioses Ziel. Hochalpin – denn die beiden Routen führen über Gletscher; die von Plattjen heraufkommende über relativ harmlose Firnfelder, während es bei der Querung vom Felskinn her auch ein paar Spalten gibt. Doch üblicherweise ist für eine ausreichend sichere Trasse gesorgt (vorher erkundigen!). Grandios – denn man ist mittendrin im großen Eiszirkus der Saaser Viertausender, ist auf den gleichen Routen unterwegs wie die Bergsteiger, die die unmittelbar vor dem Kleinallalin gelegene Britanniahütte als Stützpunkt für ihre Hochtouren aufsuchen.

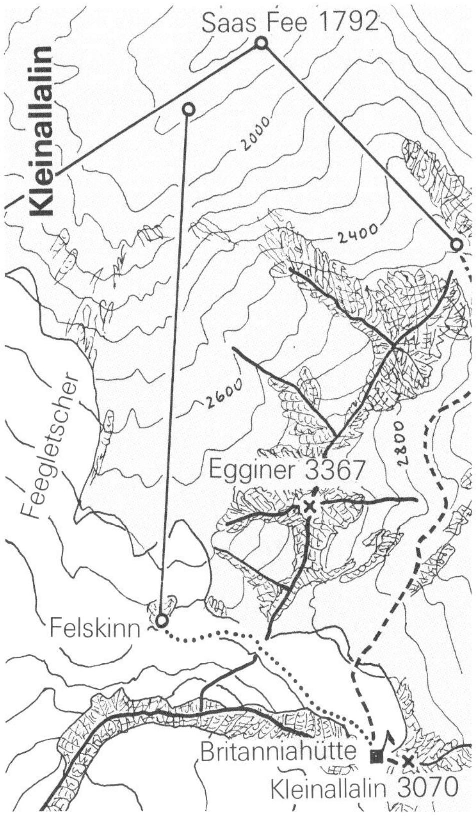

Man sollte den Tag als Rundtour planen, morgens mit der Bahn zum Felskinn hinauffahren und dabei den in einzelne Eiskatarakte aufgelösten Feegletscher bewundern. Dann folgt der eindrucksvolle Gang über den Firn hinüber zur Hütte, anschließend als Höhepunkt die Aussicht vom Gipfel (ein etwas hochgegriffenes Wort für diesen kleinen Kopf), zu der neben der schon auf Viertausender und Riesengletscher auch der Tiefblick über 1000 m hohe Steilhänge ins Tal von Saas Almagell und zum Mattmarksee gehört. Schließlich bummelt man gemütlich auf dem Höhenweg nach Plattjen hinüber. Das ist eine echte Panoramaroute auf halber Bergeshöhe in einem völlig freien Gelände. Durch den Einschnitt des Saastales schauen im Norden sogar die Berner Alpen mit der Riesenpyramide des Bietschhornes (3934 m).

Ausgangspunkt ist entweder die Bergstation Felskinn (2991 m) oder die Bergstation Plattjen (2570 m). Beide Talstationen liegen im südlichen Teil des Talbeckens von Saas Fee.

Übergang vom Felskinn. Eben über den Gletscher ins Egginerjoch und weitere Querung zur Britanniahütte (3030 m, SAC, bewirtschaftet). In wenigen Minuten nach Osten zum kleinen Gipfel. (Vorsicht, Gletscherbegehung! An der Talstation der Seilbahn über den Zustand des Weges erkundigen!)

Aufstieg von Plattjen. Auf gutem Steig durch das anfangs sehr steile, felsdurchsetzte Gelände waagrecht hinüber ins Meiggertal. Über Schuttflanken und Böden um den Egginer zu einem langen Firnfeld (Kessjengletscher) und über dieses flach empor zur Hütte. Weiter siehe oben. 2 Stunden.

Oberrothorn, 3415 m, **Pfulwe,** 3314 m

Mitten in der Bergwelt Zermatts

Aufstieg-Std.	Gipfelaufbau	Abstieg
1½	Schutthänge	evtl. über Pfulwe

Schon mancher hat sich beklagt, in Zermatt stände der Gast, der Trubel, das Geschäftemachen allzusehr im Vordergrund. Doch derartige Erscheinungen haben immer ihre Ursachen. Es gibt eben kein zweites Zermatt, kein zweites Tal in den Alpen mit einer so grandiosen Bergkulisse rundum. Bitte, achten Sie auf dieses „rundum". Das ist nämlich der Unterschied etwa zu Grindelwald, zu Chamonix, zu Courmayeur. Wer einmal bei gutem Wetter auf dem Oberrothorn stand, der wird unvergeßliche Eindrücke mitnehmen. Dieser Gipfel hat gerade die richtige Höhe. So ist der Blick frei und ungehindert, und doch behalten die Viertausender ihre Größe und Wucht. Und außerdem steht von hier aus nicht alleine das Matterhorn im Blickfeld; ganz ideal lassen sich die so formenschönen Gipfel im Westen bewundern, Weißhorn (4505 m), Zinalrothorn, Obergabelhorn . . .

Müheloser und schneller geht's nicht mehr! Bis 3103m fährt man mit der Bergbahn (was keine Kraft, doch eine Menge Fränkli kostet), dann gibt es einen Steig über die Schutthänge bis zum Gipfel von mehr als 3400 m Höhe. Allenfalls hartgefrorene Schneefelder könnten einem dabei Angst einjagen. Bewundert man die Berge rundum (17 Viertausender in nächster Nähe) auch noch so ausgiebig, so bietet das Oberrothorn doch noch lange kein tagesfüllendes Programm für einen „gstandnen" Bergsteiger. Deshalb folgender Vor-

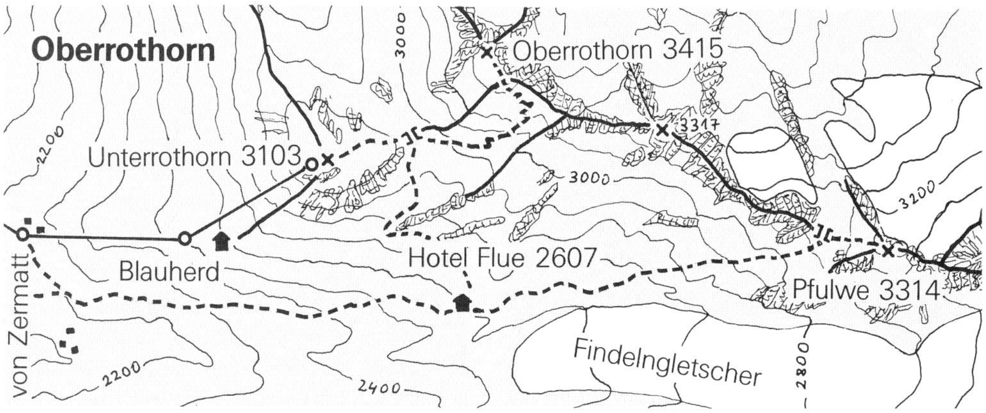

schlag: man wandert, vorbei am Hotel Flue, noch zur Pfulwe hinüber, packt noch einen zweiten Gipfel an. Hier handelt es sich um ein wesentlich ruhigeres Ziel, das vor allem den Aspiranten des Rimpfischhornes (4199 m) als Zwischenstation und Frühstücksplatz dient. Ein Kuriosum: Scharte und Gipfel tragen den gleichen Namen. Zwischen beiden gibt es keinen angelegten Weg mehr. Doch auf diesen Trümmerhängen wird bei ordentlicher Sicht wohl jeder seine Route selber finden.

Ausgangspunkt. Unterrothorn (3103 m), Bergstation der Bahnen Sunegga-Blauherd-Unterrothorn. Talstation im nördlichen Teil von Zermatt (1616 m), das man von Täsch aus nur mit der Bahn und nicht mit dem Auto erreichen kann.

Aufstieg zum Oberrothorn. In das nahe Furggji (2981 m) hinab. Unter den Felsen nach Osten in die Hänge und in Kehren durch das steile Gelände (Schutt, evtl. Schnee) zum Grat und Gipfel.

Weiterweg zur Pfulwe. Zurück bis vor das Furggji, dann nach Süden hinab zum Hotel Flue (2607 m). Auf einem Steig nach Osten zuerst flach über die Böden, dann schräg am Hang empor in den Schuttsattel der Pfulwe. Rechts über den Trümmerhang zum Gipfel. Ca. 3 Stunden. Auf dem gleichen Weg zurück zum Hotel und Querung zur Station Blauherd (oder zu Fuß über Findeln und Winkelmatten nach Zermatt).

Barrhörner, 3610 m und 3585 m, **Schöllihorn,** 3499 m

Große Wallisberge ohne Gletscherbegehung und Kletterei

Aufstieg-Std.	Gipfelaufbau	Abstieg
2+4	sehr steiler Schutt	gleiche Routen

Ein Schöllihorn, oder gar die beiden Barrhörner – das wäre ein stolzer Erfolg! Sie sollten sich dieses Massiv einmal von Grächen über dem Mattertal aus anschauen. Das Äußere Barrhorn (3610 m) stürzt nach Osten mit 400 m

Blick vom Meidsee südlich der Bella Tola quer über das Turtmanntal auf das Massiv des Bishorns, das von dem spitzen Weißhorn (4505 m) überragt wird. Am linken Bildrand erkennt man das Äußere Barrhorn mit seinen nordseitigen Eis- und Schieferwänden. Rechts daneben das Brunegghorn.

Zur Abwechslung einmal ein untypisches Matterhornfoto. Der Vordergrund zeigt den Stellisee zwischen Flue und Blauherd (siehe Oberrothorn).

hoher, überhängender (!) Wand ab, und darunter liegt ein richtiger Bilderbuchgletscher mit Riesenspalten und einem hohem Eisbruch. Ein imposanter Anblick! Relativ weiche Schiefer sorgen für diese bizarren Formen. Sie schaffen aber auch eine fast felsfreie Südwestseite und die langen Schuttfelder dort. Das schaut natürlich weit weniger elegant aus. Dafür ermöglicht aber diese Schieferlandschaft auch uns, diese wirklich hohen Gipfel zu besteigen. Doch Vorsicht! Die Bedingungen müssen stimmen: gute Verhältnisse und ein zuverlässiges Wetter. Der Schnee ist dabei das Hauptproblem. Die recht steilen Hänge lassen sich auf den kleinen Trampelpfaden im Schutt zwar etwas mühsam, doch ohne echte Gefahr begehen. Gibt es jedoch noch Schneefelder, und sind diese hartgefroren, dann werden eventuell Steigeisen und ein Pickel notwendig. Es darf auch kein Nebel herrschen. Da es ab 2900 m Höhe keine angelegten Steige, sondern nur noch Trampelspuren im Geröll gibt, kann man sich – ohne Sicht – relativ leicht verirren.

Doch genug der Warnungen. Sonne brauchen Sie für diese Touren sowieso, sonst können Sie das Schöne rundum gar nicht bewundern, vor allem den gewaltigen Turtmanngletscher mit seinen zwei völlig zerschründeten Zungen, die wilden Fels- und Eiswände an den Diablons und am Bishorn (4153 m), beide sind mehr als 700 m hoch. Vom Stauseeli unten im Turtmanntal bis hinauf zu den Gipfeln sind diese grandiosen Nahblicke ständige Begleiter – wie sich das in den zentralen Walliser Alpen so gehört.

Ausgangspunkt. Straßenbrücke über die Turtmänna (1900 m), 2,5 km oberhalb von Guben im Turtmanntal. Dorthin von Turtmann auf kleiner, aber guter Bergstraße.

Zur Turtmannhütte. Entweder auf der rechten Talseite auf dem Holpersträßchen zum Stausee oder links hoch über dem Bach über Holenstein in das oberste Tal. Dann über die ostseitigen, sehr steilen Hänge auf gutem Weg zur schon lange sichtbaren Hütte (2250 m, SAC, einfach bewirtschaftet, 2 Std.).

Auf die Gipfel. Von der Hütte etwa eben an den Hängen talein und durch das Gässi (leichte Kletterei) zu den weiten Flächen des Barr. Über Gras, dann auf der großen Moräne talein bis an den Bergfuß in 3150 m Höhe (man hält sich immer rechts, im letzten Teil nur Pfadspuren und Steinmänner). Ganz rechts neben auffallend grauen Platten über eine steile Schuttstufe und nach rechts ins Schöllijoch (3345 m). Nun entweder nach Süden zum Schöllihorn (einfacher) oder nach Norden längs des Grates auf die beiden Barrhörner (Steigspuren, teilweise steil).

Bella Tola, 3025 m, **Rothorn,** 2998 m

Die Super-Viertausender-Aussichtsberge

Aufstieg-Std.	Gipfelaufbau	Abstieg
2 1/2	kürzere Grate	evtl. nach Südwest

Die Tour zur Bella Tola (und jene auf die Pointe du Tsaté) hat einen ganz anderen Charakter als die Ziele bei Zermatt und Saas Fee. Dort stehen wir mittendrin in der großen Eiswelt, kommen gleichsam auf Tuchfühlung mit den Viertausendern; hier sind sie in die Ferne gerückt, verlieren das Unmittelbare und damit auch das Dramatische. Rund um die Bella Tola sind die großen Gipfel zu einem leuchtenden, sehr malerischen Panorama aufgereiht, die lange Kette der

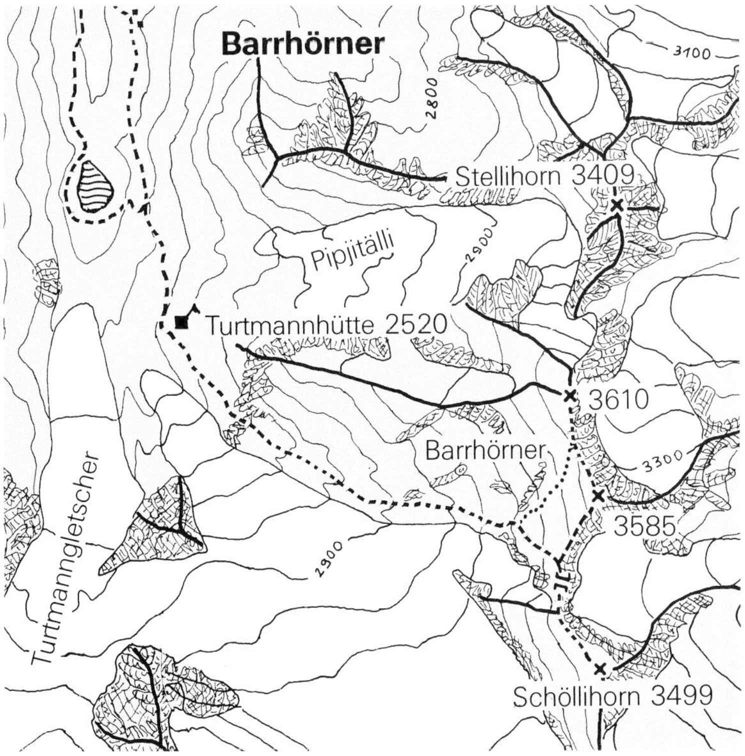

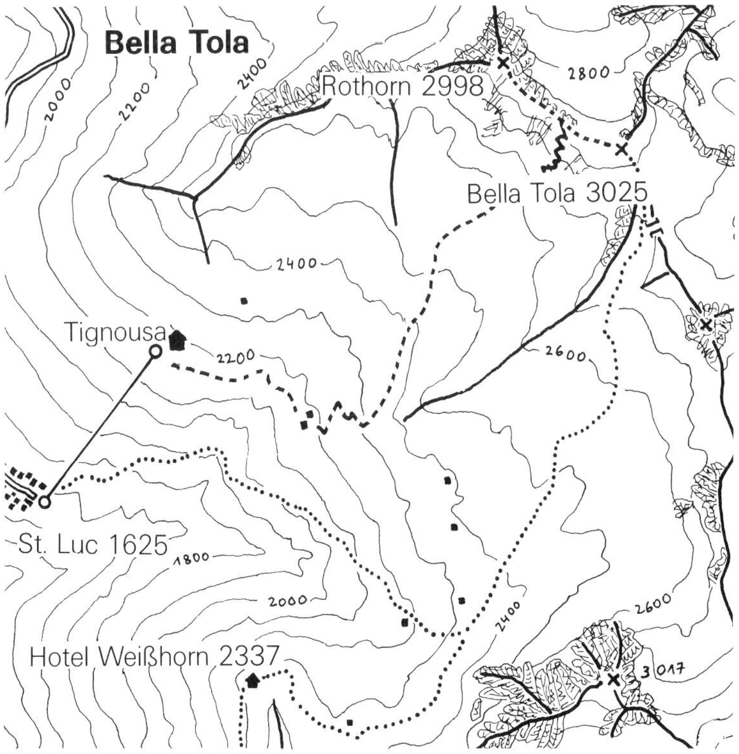

Berner Alpen von den Diablerets bis zum Finsteraarhorn, eine Großzahl der Walliser Viertausender, und durch die Lücke zwischen Mont Fort und Rosablanche schaut sogar der Montblanc. Schließlich ist unsere Bella Tola (Tola bedeutet nichts anderes als „Mulde") berühmt als Viertausender-Aussichtsloge. Ein einziges großes Gletschermassiv ist wirklich nahe, jenes im oberen Turtmanntal mit dem Bishorn, dem Weißhorn (4505 m) und unseren Barrhörnern.

Val d'Anniviers heißt der bei Sierre ins Rhonetal mündende Nebenast, der den Zugang zur Bella Tola vermittelt. Hoch oben auf einer Terrasse liegt der Ferienort St. Luc mit seinen malerischen, blumengeschmückten Holzhäusern, wie sie zu einem echten Walliser Dorf gehören. Der Lift von dort nach Tignousa hat die Tour zu einem gemütlichen Bummel über weite Bögen und einen Steilhang verkürzt. Jeder sollte oben am Gipfelgrat auch die 600 m – fast eben – zum Rothorn hinausgehen. Unmittelbar zu Füßen liegt dann Chandolin, mit 1934 m einer der höchsten Orte in den Alpen, und noch einen gewaltigen Sprung tiefer (insgesamt 2500 m!) das Rhonetal. Von der Bella Tola kann man auch nach Süden zum Pas du Boeuf absteigen und über die weiten Alpböden zum Montagne du Tounot hinauswandern. Und wer noch mehr tun und sehen will, folgt dem Höhenweg (bis zu 1000 m über der Talsohle) talein nach Zinal.

Ausgangspunkt ist Tignousa (2180 m), Bergstation des von St. Luc (1652 m) heraufkommenden Liftes. St. Luc liegt in den Hängen östlich über der Val d'Anniviers. Zufahrt von Sierre auf guter Bergstraße.

Die Route. Von Tignousa über Böden bis unter den Gipfel. In Kehren über einen Steilhang zum Grat und nach links zum Rothorn, nach rechts zur Bella Tola.

Variante für den Abstieg. Von der Bella Tola nach Süden auf Steigspuren hinab in den nahen Pas du Boeuf. Über die weiten Flächen immer nach Südwesten zu den Wiesen von Tounot. Nun entweder auf einem der Wege zurück nach St. Luc oder zum Hotel Weißhorn und auf dem Höhenweg nach Zinal (3 bis 4 Std. vom Hotel).

Pointe du Tsaté, 3078 m

Kleines Ziel zwischen großen Bergen

Aufstieg-Std.	Gipfelaufbau	Abstieg
3 1/2	Gras- und Schutthänge	gleiche Route

Val d'Hérens heißt das schönste Tal im französischsprachigen Teil des Wallis. Welcher Zauber liegt alleine im Kontrast zwischen der Landschaft im Rhonetal bei Sion mit ihren Weinbergen und jener grandiosen Fels- und Eiswelt oben im Talschluß bei Arolla! So auffallende Kontraste gibt es hier im Bereich einer einzigen Autofahrstunde. Nein, einen Besuch dieses Tales dürfen Sie nicht versäumen, wenn Sie schon in der Südwestschweiz unterwegs sind. Hier wird selbst ein eingefleischter Bergsteiger unsicher. Was ist schöner, lohnender, interessanter – die Gipfeltour auf einen Dreitausender oder das Bewundern dieser Landschaft der Gegensätze, der historischen Orte, der malerischen Bergdörfer und der Erdpyramiden von Euseigne? Sie sollten auf jeden Fall beide Talstraßen befahren, auch jene etwas weitere auf der Ostseite, und dabei die Dörfer Mase, Suen, St. Martin besuchen, unverfälschte, eng zusammengebaute Wallissiedlungen aus fast schwarzen Holzhäusern. Das Zwischenziel heißt dann Les Haudères. Hier wird das Tal von den scharfgeschnittenen Felspyramiden von Veisivi und von dem Riesendreikant der Dent Blanche (4357 m) beherrscht. Eine Stichstraße führt an den Osthängen noch weiter empor. In 1727 m Höhe liegt La Forclaz, wo der Aufstieg beginnt. Sie steigen nach Tsaté hinauf und wandern dann gemütlich über die Alpweiden bergwärts, bewundern die dunklen Zacken der Aiguilles Rouges d'Arolla und den gewaltigen Gletscher von Mont Miné im Hintergrund des Ferpècletales. Die Route bietet auch weiter oben keine Aufregungen, dafür aber noch einen besonderen Höhepunkt: Plötzlich öffnet sich der Blick nach Osten auf die berühmten Viertausender von Zinal, auf das Weißhorn (4505 m), das Zinalrothorn, das Obergabelhorn. Und genau zu Ihren Füßen liegt dann der Lac de Moiry, einer der vielen Stauseen der

Im Tal von Arolla. Im Hintergrund der Mont Collon und die Felsen von Vuibé.

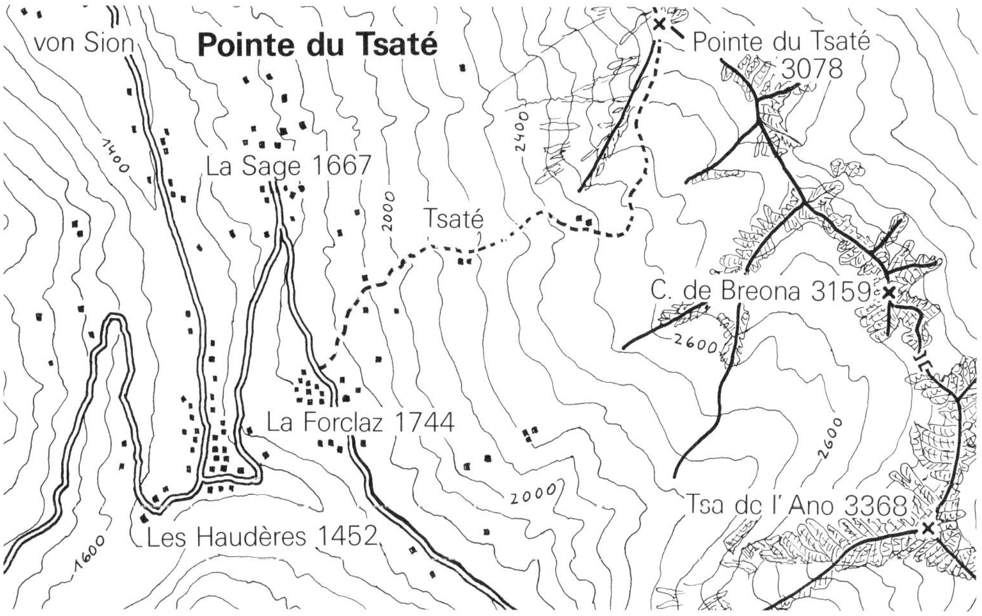

Wallistäler, die zum Teil die Landschaft in durchaus angenehmer Weise beleben. Noch ein Hinweis: Vergessen Sie auf keinen Fall den Abstecher – per Auto – von Les Haudères nach Arolla mit seinem „Superblick". Mehr als 1000 m wächst die eisüberwallte Nordwand des Mont Collon (3637 m), von großen Gletschern flankiert, aus dem Tal empor.

Ausgangspunkt. La Forclaz (1727 m), Bergdorf an den Hängen hoch über Les Haudères. Von dort gute Straße über La Sage.

Die Route. Vom nördlichen Ortsende auf breitem Almweg nach Motau, kurz oberhalb über den Bach und weiter nach Tsaté. Nördlich des Baches über die steilen Wiesen zu den oberen Alphütten. Hier wieder über den Bach und in einer rechts ausholenden Schleife zum Lac du Tsaté. Über Grashänge zum Südwestrücken und auf ihm (Geröll) zum Hauptgrat und zum Gipfel.

Walliser Nachlese

Für den Fall, daß Sie sich noch weiter im so abwechslungsreichen und vielgestaltigen Kanton Wallis umschauen wollen, servieren wir Ihnen hier vier zusätzliche Anregungen. Bei offenen Augen werden Sie zudem selbst noch eine Reihe sehr verlockender Möglichkeiten entdecken.

Wer sich von Nordosten dem Wallis mit dem Auto nähert, sollte das **Großfurkahorn** (3026 m) besteigen. Es läßt sich bei der Paßfahrt über die Furka (2431 m) im Handstreich mitnehmen (1$^{3}/_{4}$ Std.). Vom Hotel Furkablick führt ein Steig zum Kamm hinauf, dem man dann über Pfadspuren im Gras bis zum Gipfel folgt. Dieser Grenzberg zum Kanton Uri ist der richtige Aussichtsberg, um einen ersten Blick ins gelobte Land zu tun. Allerdings sind die großen Gipfel des Wallis noch weit entfernt; sie füllen den Hintergrund über dem Einschnitt des obersten Rhonetales, Goms genannt. Hier faszinieren vor allem die östlichen Berner rund um deren Hauptgipfel, das Finsteraarhorn (4275 m). Und auch die Urner Alpen zeigen schroffe, recht fotogene Formen, aus weiten Gletscherbecken ragen spitze, gezackte, mit steilen Eisrinnen verzierte Felsgrate auf. – Vorsicht! In diesem Bereich gibt es einige Verwirrung in der Namengebung; die Schweizer Landeskarte und die eingebürgerten Bezeichnungen der Bergsteiger stimmen nicht überein.

Unser nächstes Ziel heißt **Schwarzhorn** und ist 3329 m hoch. Das klingt vielversprechend – doch leider muß ich Sie ein wenig enttäuschen. Es handelt sich dabei nämlich nur um jene Kanzel in den steilen Hängen der Lenzspitze, an der die Mischabelhütte liegt, und die man beim besten Willen nicht als einen selbständigen Gipfel bezeichnen kann. Doch schadet das wirklich der Großartigkeit dieser Hochtour, dieser etwas ungewöhnlichen Bergfahrt? Hier bleibt das Interessante nicht auf Distanz, der Aufstieg selbst, die allernächste Umgebung sind es, die für das so unmittelbare Erlebnis sorgen. Von gegenüber wirken die großen Berge meist wie grandiose, wohlgeformte Bildhauerwerke. Doch steigt man selbst an einem dieser Rekken empor – hier an der Lenzspitze (4294 m) –, dann wird einem erst so recht bewußt, wie weiträumig, wie stark gegliedert, wie aufgelöst in Einzelformen, wie unübersichtlich so eine Bergflanke ist. So aus der Nähe verliert der Berg vielleicht das Grandiose, dafür wächst der Eindruck von Macht und Gewalt der Natur, und man fühlt sich so recht als winziger Mensch. – Zur Route: Von Saas-Fee mit der Hannig-Seilbahn zur Bergstation und Querung auf dem Steig Nr. 5 b zum direkten Hüttenweg. Über Geröll und Platten bis unter den Fallgletscher. Nun nach rechts ins Felsgelände (steil, Drahtseil) und im Zickzack zur Hütte (SAC, einfach bewirtschaftet) empor.

Das **Mettelhorn** (3406 m) ist – fast – ein Galaberg im Sinne dieses Buches: Ein mächtiger, schön geformter Gipfel mit einer ganz großartigen Aussicht, dazu ein Aufstieg voll Spannung und Abwechslung mit zwei unterschiedlichen Routen in der unteren Hälfte (durch die Triftschlucht bzw. über Balmen – Chüeberg). Allerdings liegen zwischen Zermatt und dem Gipfel 1800 Höhenmeter (2 Std. bis Trift und 3$^{1}/_{2}$ Std. zum Gipfel), und leider führt die Route vom Furggji auf den alleroberslen – sanften – Firnhängen des Hohlichtgletschers nördlich um das Platthorn, bevor sie den Mettelhorn-Gipfelgrat erreicht. Der sonst gute Weg ist hier also für eine knappe halbe Stunde unterbrochen.

Zum Schluß bekommen Sie noch ein zweites **Schwarzhorn** (auch Nesthorn genannt, 3201 m) – das ist ein häufiger Name in diesem Gebiet – angeboten. Es handelt sich um einen behäbigen, schrofigen Gipfel, der seine nähere Umgebung um ein gutes Stück überragt und dadurch zu einem feinen Aussichtsberg wird. Dem Aussehen des Zieles gleicht sich auch der Charakter des – undramatischen – Aufstiegs an. Sie starten in

Meiden im Turtmanntal (siehe Barrhörner) und steigen durch Wald, über Matten und schließlich durch Schutt zum Augstbordpaß (2894 m, guter Steig) empor, um dann auf und neben dem Gratrücken dem Gipfel zuzustreben. Insgesamt 3³/4 Stunden.

Rückblick vom Aufstieg zum Zinalrothorn (4221 m) über die beiden Äschhörner zum Mettelhorn, dem spitzen Gipfel im Hintergrund. Bei so zweifelhaftem Wetter sollte man eigentlich nicht zu so großen Touren aufbrechen.

Aiguille du Belvédère, 2965 m

Dem Montblanc gegenüber: die „Spitze der schönen Aussicht"

Aufstieg-Std.	Gipfelaufbau	Abstieg
3	Felsgrat	evtl. nach Montroc

Das seine Vorberge um 2000 m überragende Montblancmassiv (4807 m) ist ein großer Wall für die von Nordwesten anrückenden Schlechtwetterwolken. Kein Wunder, daß hier die Schneefälle ergiebiger sind als anderswo. Man erkennt das auch an den riesigen, bis ins Tal herabreichenden Gletscherzungen. Deshalb gibt es hier auch keinen einzigen eisfreien Dreitausender. Wir müssen deshalb heute ein bißchen schwindeln. Unser Ziel ist nämlich nur 2965 m hoch, und es führt auch kein richtiger Weg hinauf; wir können uns nur an die Spuren der vielen Begeher halten. Ja, oben am Gipfelgrat müssen wir sogar in einer 10 m hohen Rinne regelrecht klettern. Da die Stelle jedoch nicht sehr ausgesetzt ist, macht diese Abwechslung den

Blick von den Aiguillettes (Abstieg vom Lac Blanc nach Montroc) quer über das Tal von Chamonix auf die Aiguille du Midi und den Montblanc.

meisten Begehern viel Spaß. (Ängstliche aber besteigen besser den Mont Buet.) Aiguille du Belvédère heißt unser Gipfel, also etwa „Spitze zur schönen Aussicht". Passender könnte der Name gar nicht sein, gibt es doch im gesamten Alpenraum keine begeisterndere Tour zum Schauen. Wie aufgefächert liegt die Montblancgruppe gegenüber mit dem „Monarchen" selbst ganz rechts und dem gewaltigen Eiszirkus von Leschaux- und Géantgletscher genau vor einem. Wie dunkle Säulen und Pfeiler wachsen die Felsen erstaunlich jäh, glatt und hoch aus den Gletscherflächen empor. Da kann man all die bekannten Gipfel bewundern, die Nadeln von Chamonix, den „Riesenzahn", die Grandes Jorasses (4208 m) mit der weltberühmten, 1200 m hohen Nordwand, die Aiguille Verte und ihre Anhängsel, die Kletterberge der Drus, Aiguille d'Argentière, um nur ein paar zu nennen. Und der Lac Blanc – so etwas muß man einfach gesehen haben, die klare Wasserfläche zwischen den rundgeschliffenen Fels-

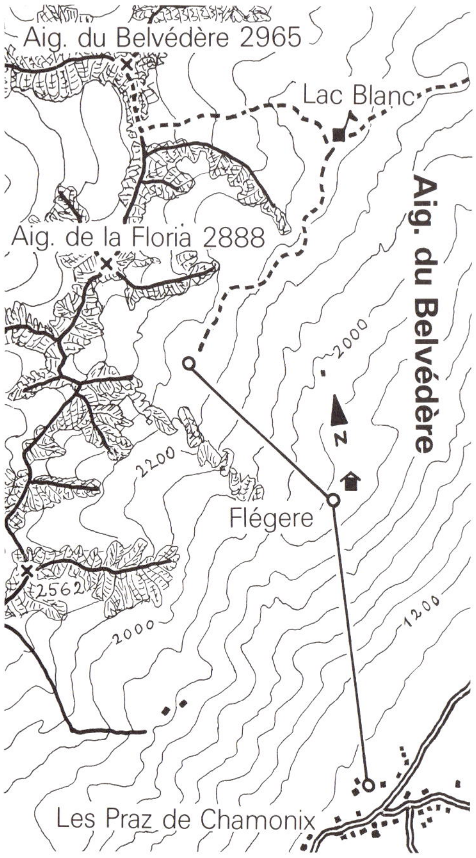

kuppen und vor diesen bizarren Fels- und Eisgipfeln.

Ausgangspunkt. Index (2385 m), Bergstation der Bahn von Les Praz (2 km nördlich von Chamonix) über Flégère.

Der Aufstieg. Auf dem Höhenweg durch die Blockkare quer hinüber zum Lac Blanc (2352 m, Berggasthaus). Von der Schwelle zwischen den beiden Seen links empor, dann auf Pfadspuren über die weiten Schutthänge, schließlich über ein längeres Schneefeld in den Col des Darts (2790 m, rechter Einschnitt). Auf dem Südgrat der Aiguille du Belvédère zu einer Gratlücke. Über eine Kletterstelle (I+) und weiter über den nun wieder einfacheren Grat zum Gipfel.

Abstiegsmöglichkeit. Zurück zum Lac Blanc. Es lohnt sich, von dort aus auf dem sehr beliebten Balkon-Wanderweg nach Tré-le-Champ und nach Montroc (Bahnstation) abzusteigen.

Mont Buet, 3099 m

Die Schieferpyramide über dem Col-des-Montets

Aufstieg-Std.	Gipfelaufbau	Abstieg
2+3	Schutthänge	gleiche Route

Ein breites Bergmassiv zieht vom Montblancgebiet nach Norden bis zum Genfer See. Es begleitet das untere Rhonetal im Westen. Deutschsprachige Bergsteiger kennen in dem gesamten Gebiet mit weit über hundert Gipfeln meist nur einen Berg, die Aiguilles du Midi. Vielleicht kann Sie unser Buch dazu anregen, wenigstens noch einen zweiten Gipfel zu besuchen, einen echten Dreitausender mit Weg, dem man in eineinhalb oder auch an einem einzigen Tag relativ leicht aufs schuttige Haupt steigen kann. Ist dieser Buet auch mehr die Ruine eines Felsberges – im oberen Teil von Geröll überzogen, weiter unten mit zerklüfteten Schrofen- und Felshängen –, so steckt in der Tour doch viel Spannung und Überraschung. Es beginnt gleich unten mit einer wild eingefressenen Schlucht und einem Wasserfall. Dann wandert man durch das schmale Bérardtal mit seinen himmelhohen Steilhängen auf beiden Seiten hinein zur urigen Hütte im Talschluß. Beim Weiterweg über die Schutt(Schnee)hänge imponieren anfangs die Gipfel der Aiguilles Rouges gleich gegenüber, diese dunklen, scharfgeschnittenen Felsberge mit ihren Minigletschern dazwischen. Spannend wird es dann ab 2700 m Höhe, wenn der Steig die freie Rippe in den Südhängen erreicht hat. Jetzt spitzen die ersten Gipfel der Montblancgruppe über den Aiguilles-Rouges-Grat. Und dann geht es rasch. Nach jedem kurzen Wegstück sind diese Berge weiter emporgewachsen, sie werden immer mächtiger, immer beherrschender. Wer hätte von unten gedacht, daß die ganze Umgebung so völlig unter einem versinkt, und man dann frei hinüberschauen kann auf die Zinnen und Gletscher der höchsten Alpengruppe. Es müssen eben nicht immer die berühmten Berge sein, die die schönsten Erlebnisse schenken.

Ausgangspunkt. Le Buet (1329 m) an der Straße zwischen Vallorcine und dem Col-des-Montets (Strecke Martigny – Chamonix).

Zum Refuge-de-la-Pierre-à-Bérarde. Vom Hotel Buet zu den Almen von La Poya und längs der Bérardschlucht ins gleich-

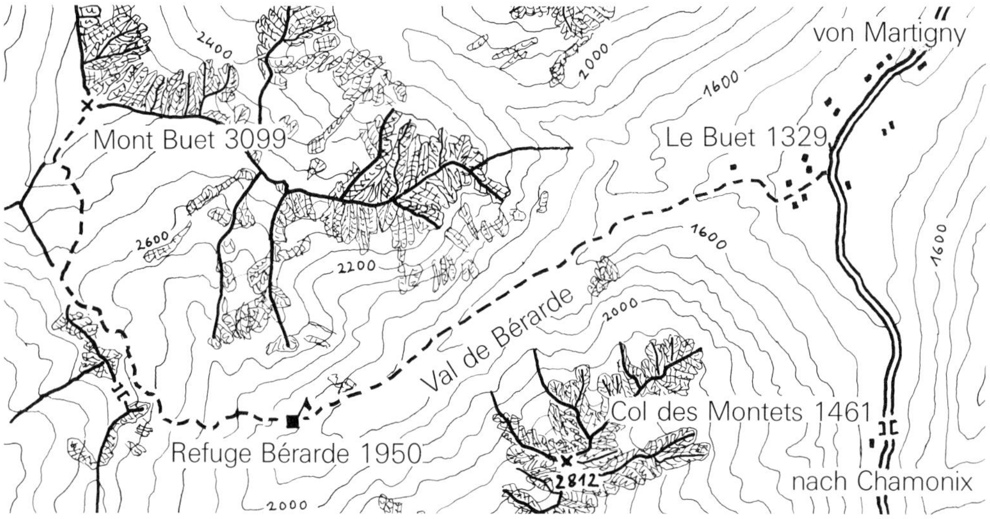

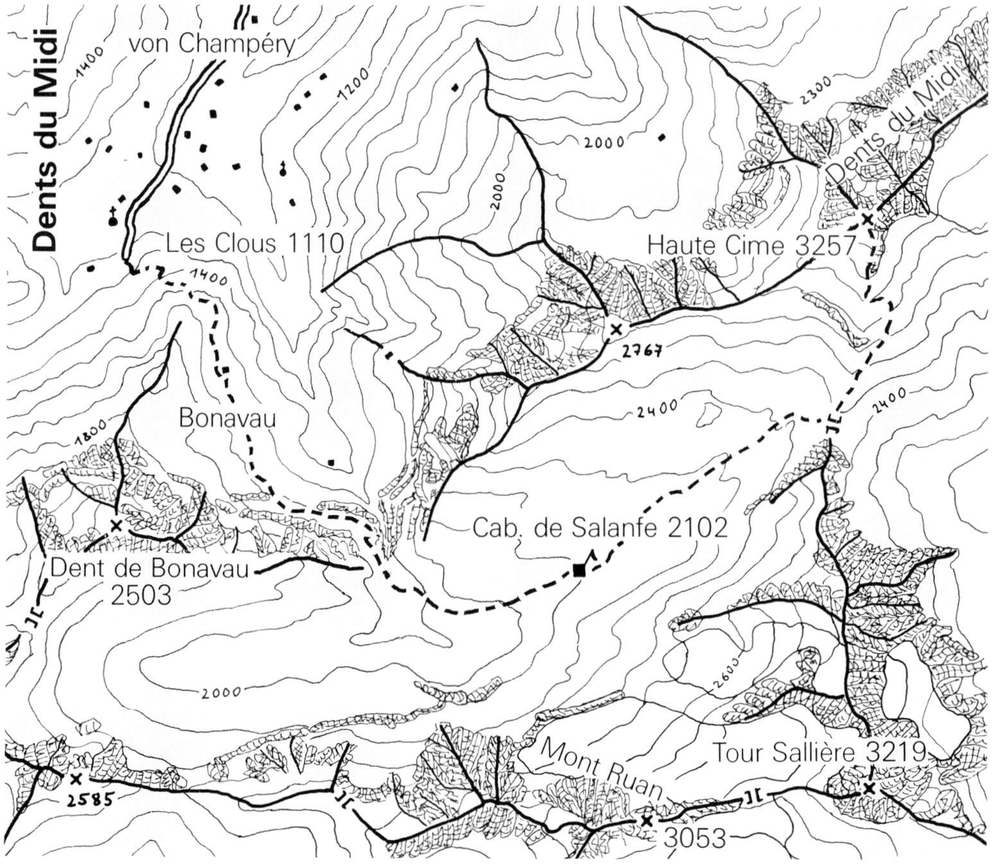

namige Tal. Immer nördlich über dem Bach talein zur Hütte (1950m, einfach bewirtschaftet, 2 Std.), die genau im Talschluß liegt.

Auf den Gipfel. Über die Hänge nach Westen bis unter den Col de Salenton. Hier rechts ab und um zwei Felsklötze rechts herum (teilweise Schnee). Dann über eine Rippe zwischen den teilweise steilen Hängen auf den schuttreichen Hauptkamm und über ihn nach rechts auf den Gipfel.

Dents du Midi (Haute Cime), 3257m

Siebenzackige Krone – 2900 m über der Rhone

Aufstieg-Std.	Gipfelaufbau	Abstieg
2¹/₄ + 3¹/₄	Schutthänge	gleiche Route

Man erlaube mir einmal eine etwas abgedroschene Formulierung: Die Dents du Midi sind ein faszinierendes Bergmassiv, und zwar in fast jeder Beziehung. Das Aussehen: Eine Krone mit sieben recht spitzen Zacken und einer eisverzierten Nordwand bis zu 800m Höhe. Die Lage: Um sich besonders in Szene zu setzen, steht diese Krone quer zum Tal, völlig frei zu sehen aus der Rhonefurche bei Aigle, das sie um 2900m Höhe überragt. Die Aussicht: Der Genfer See gehört ebenso zum Panorama wie der recht nahe Montblanc – wo gibt es sonst derartige Gegensätze!

Auch der Weg auf den höchsten Zacken der Dents du Midi, auf ihren westlichsten Gipfel, die Haute Cime (= hohe Spitze), bietet Abwechslung, schöne Nah- und Fernblicke, eine besonders reiche Blumenpracht. Zwei Abschnitte hinterlassen besondere Eindrücke. Eine kurze Schlucht mit dem Pas d'Encel trennt das weite Wiesental von Champéry vom Hochkessel von Susanfe; innerhalb einer Viertelgehstunde gelangt man von einer Welt in eine völlig andere, aus einer sanften Voralpenlandschaft in den Bann von erstaunlich wilden, eisverbrämten Felsbergen wie dem Mont Ruan und der Tour Sallière (3219m). Und nach einer Übernachtung auf der schmucken Salanfe-Hütte ist es dann am nächsten Morgen vor allem die letzte Gehstunde hinauf zum Gipfel, die wieder für ungewöhnliche Eindrücke sorgt. Vielleicht wirken diese langgestreckten Schutthänge etwas einförmig – doch bei einem so fesselnden Blick nach Osten auf die Berner und später auch auf die Walliser Alpen gibt es keine Langeweile. Doch der große Augenblick kommt dann am Gipfelgrat, wenn im Süden – unmittelbar neben der Tour Sallière – der Montblanc auftaucht; mancher hat im ersten Moment diese runde Eiskalotte für eine Wolke gehalten. Mit jedem Stückchen Höhe wächst dieses Massiv gewaltiger empor, unwirklich hoch, majestätisch – man spricht nicht ohne Grund von dem „Monarchen".

Ausgangspunkt. Straße oberhalb von Les Clous (1280m), zu erreichen von Champéry (1053m) in der Val d'Illiez, die bei Monthey ins Rhonetal mündet.

Zugang zur Hütte. Auf gutem Fußweg durch steilen Wald zu den Alpen von Bonavau und durch die Schlucht Pas d'Encel in den Talkessel von Susanfe. Links um die Ecke und über Matten zur Cabane de Susanfe (2102m, SAC, bewirtschaftet, 2¹/₄ Std.).

Der Gipfelanstieg. Über die weiten, bald schuttbedeckten Flächen nach Nordosten empor, dann nach rechts – steiler – in den Col de Susanfe. Rechts des Grates in den von einigen Schrofenzonen durchsetzten Geröllhängen ziemlich steil empor. Nach links zum Südgrat und steil auf den Gipfel.

Hier eine Aufnahme des auf Seite 122 erwähnten Mont Pelat. Es handelt sich dabei wohl um den südlichsten Wege-Dreitausender Frankreichs. Bei klarem Wetter kann man das nur noch 70km entfernte Mittelmeer sehen.

Herbstgemälde: Blick über das Rhônetal bei Bex auf die Dents du Midi. Das auffallende Horn ist die Cime de l'Est.

Zum Schluß noch ein paar Anregungen

Vom Montblanc ziehen die Alpen noch 300 km nach Süden, bis sie in der Nähe von Nizza am Mittelmeer enden. Natürlich gibt es in dem weiten Gebiet zahlreiche Dreitausender in unserem Sinne, wie etwa den Mont Pelat (3053 m) in den Seealpen zwischen Allos und dem Col de la Cayolle. Es ist unmöglich, all das in einem einzigen Buche zu „verbraten". Wir wollen und müssen uns hier auf zwei Abstecher beschränken: auf die Region Aosta und auf das Gebiet um die Quellen der Isère. Das Aostatal, das sich durch die Tunnel am Großen St. Bernhard und zwischen Chamonix und Courmayeur schnell erreichen läßt, gehört dank der herrschenden Kontraste zu den faszinierendsten Alpenlandschaften. Es ist ein sehr tiefes Tal mit mildem Klima, in dessen Mittelpunkt das Städtchen Aosta (583 m) liegt, eine Sehenswürdigkeit für alle Kunstinteressierten, durch ein Theater, Mauern und Tore aus der Römerzeit, durch seinen romanischen Kreuzgang ... Es pulsiert zudem von südländischem Leben und wird rundum von Viertausendergebirgen eingeschlossen, den Walliser Alpen, der Montblancgruppe, dem Gran-Paradiso-Gebiet. Ein besonderes Merkmal ist das Gemisch von französischer und italienischer Sprache. In ein viel strengeres Gebiet führt unser zweiter Abstecher, hinauf zu den Quellen der Isère, jenem großen französischen Alpenfluß, an dem auch die Olympiastadt Grenoble liegt (allerdings 175 km flußabwärts). Dort lockt vor allem ein ganz besonderes Ziel,

ein Berg von 3747 m Höhe, den – eventuell – auch ein Bergwanderer noch erreichen kann.

Der Kamm zwischen den Ferienorten Alagna-Valsesia und Gressoney-la-Trinité wird beidseitig von Bergbahnen erschlossen, und so sind die Dreitausender **Corno del Camoscio** (3026 m) und **Stolemberg** (3202 m) nur noch kleine Spaziergänge zwischen vielen Menschen. Doch, schadet das dem grandiosen Blick auf das Monte-Rosa-Massiv?
Rücken wir einen Kamm weiter nach Westen, so kommen wir zu einem Gipfel von ganz anderem Charakter. Die **Testa Grigia** (3315 m) ragt gewaltig über ihre Umgebung empor, ist ein auffallender Gipfel mit einmaligen Ausblicken nicht nur auf die Walliser Berge zwischen Matterhorn und Monte Rosa, sondern auch hinüber zur Gran-Paradiso-Gruppe und selbst bis hin zum Montblanc. Von Crest (1935 m), das an den Hängen oberhalb von Champoluc, dem Hauptort des Ayas-Tales, liegt, führt ein Steig in reichlich 4 Stunden zum Gipfel hinauf.
Wollen Sie einmal etwas Besonderes anpacken? Dann biegen Sie doch von der Paßstraße zum Großen St. Bernhard nach rechts in die Valpelline ab und dann wieder nach links in das kurze Tal von Ollomont, lassen Sie das Auto in Glacier (1549 m) und steigen Sie in 4 Stunden zur Capanna Amiante (2979 m) empor, die Sie mit einem freien Blick nach Süden auf die Grivola (3969 m), den imposantesten Berg des gesamten Gebietes, verwöhnt. Ein Steig führt weiter zum nahen Col de By, Schutthänge ohne richtigen Weg von dort hinauf zur **Tête Blanche** (3418 m, 1$^1/_2$ Std.) im Walliser Hauptkamm, den Südanstürzen des Grand Combin (4314 m) genau gegenüber gelegen. Eine weitere reizvolle, aber sehr lange Tour von Glacier aus bietet der **Mont Avril** (3347 m, 1800 Höhenmeter, 5$^1/_2$ Std.) über das Fenêtre de Durand. Sie können diesen einzigen eisfreien Übergang auch von der Schweizer Seite erreichen, indem Sie aus der Val de Bagnes zur Chanrionhütte (2462 m, SAC, 3 Std. von Mauvoisin; von dort 3$^1/_2$ Std. zum Gipfel) ansteigen, um am nächsten Tal die Einsattelung und über Wegspuren den Mont Avril zu erreichen.
Direkt über Aosta liegt das Ausflugs- und Skigebiet von Pila (1800 m), zu dem man mit der Bergbahn oder auf der Straße hinauffahren kann. Oberhalb herrscht der Monte Emilius (3559 m), eine dunkle Riesenpyramide mit eindrucksvoller Nordwand. Wie ein Hund zu Füßen seines Herren, so mutet die benachbarte **Becca di Nona** (3142 m) an, die ebenfalls mit hohen, stark zerfurchten Abstürzen aufwartet und dank der vorgeschobenen Lage von Aosta aus besonders ins Auge fällt. Von Pila muß man weit nach Osten hinüberwandern, um den Colle Pian Fenêtre und die dahinterliegende Alm von Comboe (Höhenverlust) zu erreichen. Ein Steiglein führt schließlich über die Südwestflanke zum Gipfel (4$^3/_4$ Std.).
Der Ausflugsort Cogne (1534 m) liegt im Herzen der Gran-Paradiso-Gruppe, bildet das Tor zum Nationalpark, der für seine Steinbockkolonien berühmt ist. Genau nach Süden führt ein Lift hinauf zum Berggasthaus Belvédère, und von dort läßt sich die **Punta Fenilia** (3053 m, 2$^3/_4$ Std.) auf einem Steig gut erreichen. Sie gehört zu den ungewöhnlichen Aussichtsgipfeln, ist eine Art Gornergrat für die Berggruppen rundum (mit der Grivola, 3969 m, als Haupt-Blickfang).
Jetzt sei noch ein Abstecher in das wildeste und hochalpinste Tal des Gebietes, in die Valsavaranche, empfohlen. Sie wird westlich von einem Kamm gewaltiger, zerklüfteter Felsberge flankiert, deren zweithöchster Gipfel den Namen **Punta Bioula** (3414 m) trägt. Es ist ein weiter Weg vom **Eau Rousse** (1666 m) dort hinauf, 1750 Höhenmeter, so 5 bis 6 Stunden, über Matten, durch Schuttkare, über Felsgelände, eine anspruchsvolle, hochalpine Fahrt. Das Besondere dabei: Ein durch nichts behinderter Blick auf den Kamm zwischen Grivola und Gran Paradiso mit seinen markanten, eisverbrämten Felsbergen ist ständiger Begleiter.
In dem weiten Gebiet um Val d'Isère und Lac de Tignes sind die Schiefer das häufigste Gestein. Man erkennt sie gleich an

Beim Aufstieg vom Col de l'Iseran zur Pointe des Lessières gibt es sogar eine kurze Felspassage mit Drahtseil. Diese Kurztour im Gebiet der Vanoise macht auch Kindern viel Spaß.

den langen Schuttfeldern, an den etwas weniger schroffen Formen. Dem Bergwanderer soll's nur recht sein, so steigen seine Chancen. Vom höchsten Paß aus, dem Col de l'Iseran (2764 m), bieten sich zwei Spritztouren an. Man kann auf einem ordentlichen Steig, sogar ein Drahtseil gibt es hier, nach Westen zur nahen, steil aufragenden **Pointe des Lessières** (3043 m) hinaufturnen. Nicht mehr als eine Dreiviertelstunde ist sie vom Paß entfernt. Etwa die doppelte Zeit braucht man für den gegenüberliegenden Gipfel **Signal de l'Iseran** (3237 m). Deutliche Pfadspuren ziehen durch den teilweise steilen und von ein paar Felsen durchsetzten Schutt empor. Den deutschsprachigen Bergsteiger fasziniert bestimmt am meistem der Blick nach Süden in das Gebiet der Haute Maurienne. Wer kannte bisher schon diese markanten Berge, etwa die Riesenpyramide Pointe de Charbonnel (3752 m) oder den schönen Firndom Albaron (3637 m)?

Blick von Süden auf die gewaltige Aiguille de la Grande Sassière; mit ihren 3747m ist sie der höchste in diesem Buch beschriebene Berg. Für eine möglichst gefahrlose Besteigung sollte jedoch nicht so viel Neuschnee liegen. Links Le Dôme.

Der Liebhaber mittellanger Touren könnte einmal etwas ganz Ausgefallenes auf das Programm setzen, die **Pointe de la Bailletta** (3071 m, gut 3 Std.). Von Le Fornet (1930 m), 2 km oberhalb von Val d'Isère, führt ein Steig über steile Grashänge rasch aufwärts und zieht dann über weite, von einem See geschmückte Matten zum Col de la Bailletta hinüber. Dort folgt noch ein wegloser Rücken hinauf zum kegelförmigen Gipfel – wieder einmal verläuft die Route im steilen, von ein paar Felsen durchsetzten Schieferschutt. Dort oben beherrscht nun eine gewaltige, bis zu 1300 m hohe Felsmauer das Bild. Sie gipfelt in der **Aiguille de la Grande Sassière** (3747 m). Ganz vorsichtig möchte ich Ihnen nun diesen, seine ganze Umgebung weit überragenden Schieferberg als krönenden Abschluß Ihrer Dreitausender-Reise durch die Alpen anbieten – vorsichtig, denn die Bedingungen müssen hier unbedingt stimmen! Erstens sollten Sie zu den wirklich erfahrenen und hochalpinen Wanderern gehören, dem auch unsere anspruchsvolleren Touren keine Schwierigkeiten bereitet haben. Zweitens muß der Gipfelhang schneefrei sein; nur im Schutt bietet er einen relativ ungefährlichen Anstieg, während bei Schnee oft Steigeisen und Pickel unentbehrlich sind. Drittens braucht man auf alle Fälle ein einwandfreies Wetter. Nebel oder gar Schneetreiben kann man sich in dieser Höhe nicht leisten, zumal es hier keinen richtigen Weg, nur die von vielen Begehern ausgetretenen Steigspuren gibt. Nach diesen warnenden Präambeln nun zur Route. Vom Lac du Chevril fährt man hinauf nach Le Saut (2280 m) und wandert auf dem Weg erst direkt bergauf, hält sich aber ab 2500 m Höhe mehr nach links, um auf die Westseite des Berges zu kommen. Von dort geht es auf Spuren wieder steil empor und weiter über den Grat zu einer kleinen Fels(evtl. auch Firn)stufe. Ein paar Meter Kletterei bringen einen auf den eigentlichen Westgrat, dem man nun teilweise auf Schnee, teilweise auf Schutt bis zum Gipfelaufbau folgt. Auch über die letzte hohe und sehr steile Stufe führen deutliche Spuren (ca. 4½ Std.).

Stichwortverzeichnis

Aufnahme der vorangegangenen Doppelseite: Das Rosegtal im Oberengadin mit Piz Bernina und Piz Roseg.

Unsere Dreitausender mit Weg

westlicher Teil

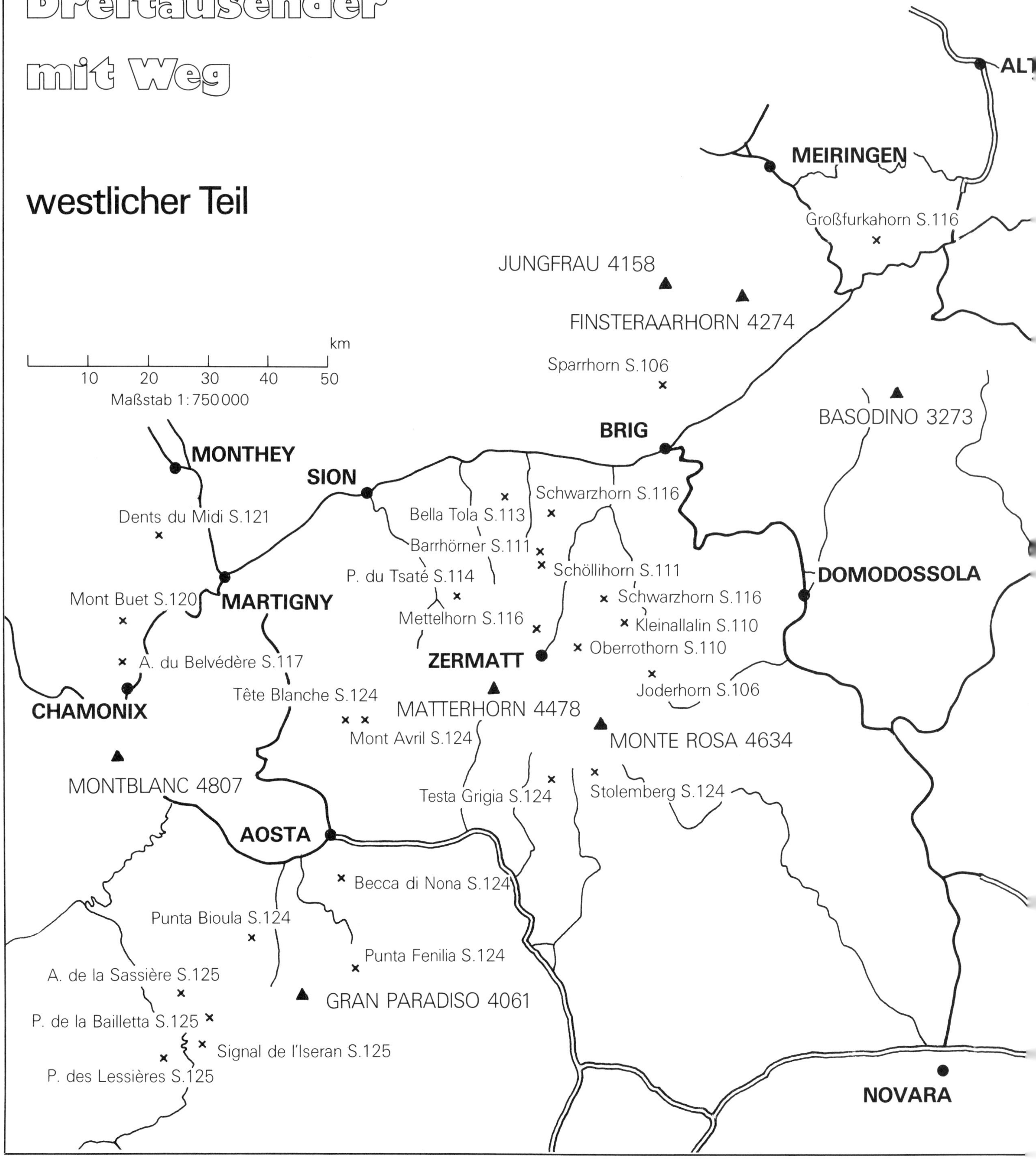